Journey to spiritual
growth and maturity

9 weeks

KB205845

영성길
클래스 9주

영성길
클래스 9주

초판 1쇄 발행   2021년 10월 11일

지은이   박정우
펴낸이   신덕례
편집장   권혜영
펴낸곳   우리시대
               경기도 고양시 덕양구 마상로 102번길 53
SNS   woorigeneration
Email   woorigeneration@gmail.com

디자인   토라디자인 (010-9492-3951)

ISBN   979-11-85972-40-4   13230

가격   8,000

본 책은 광운선교회 기독교수회, 기독직원회,
참빛더함교회(광운대학교교회의 새 이름)의 후원으로 제작했습니다.

영성길
클래스   주

Journey to spiritual growth and maturity **9** weeks

머리말

성도가 인생의 길을 찾아가는 영적 성장과 성숙의 길은 하나님이 계시해 주신 성경 말씀을 인생의 나침반으로 기준 삼고 성장하고 성숙해 가는 것입니다.

본 교재의 제작 동기는 저자가 사역하는 여러 대학의 동료 교수 및 직원들과 자녀 사이에 일어나는 갈등과 해결방법을 찾는 과정에서 시작되었습니다.

코로나 19 감염병 환경에서 요구되는 부모와 자녀, 목회자와 성도, 영적 스승과 제자, 공동체 소그룹 사이에서 필요한 영적 친밀성의 밀도가 대면과 비대면의 쌍방향 환경에서 모두 사용 가능한 교재가 필요하게 된 것입니다.

부모와 자녀 사이에 말씀을 나누면서 영적 친근감을 회복하고, 전문 상담 장면에서 사용하는 마음나눔도구를 사용하여 인간적인 친밀감을 형성하도록 제작했습니다.

기존 교재와 두드러진 특징은 각 과마다 능동적 참여가 가능한 '마음나눔도구'를 상담 심리 전문가들이 만들어 삽입한 것입니다. 청소년 상담사역자로 현장에서 활동하고 있는 상담심리 전문가 서송철 선생(경희내 박사과징 수료)과 공동 제작 및 감수를 했습니다. 부모와 자녀, 소그룹, 직장 및 개인 성경공부에 매우 유용한 도구가 될 수 있습니다.

저자는 마음소통과 공감능력(정서적 공감과 인지적 공감)을 연구해온 상담심리 전문가로써 국내 대학의 외국인 유학생과 다문화권 크리스천에게도 유용한 교재가 될 것입니다.

하나님 말씀으로 영적성장과 성숙의 길로 안내하는 본 성경공부 교재가 믿음의 가정, 소그룹, 공동체 안에서 유용하고 효과적인 은혜의 도구가 되기를 기대합니다.

저자 **박정우**

추천사

박정우 목사님은 30년 가까이 광운선교회 교목으로 활동하시면서 기독교수들과 직원들의 영적 성장과 교제를 위해 헌신해 오신 사역자입니다. 조직신학과 상담심리학을 토대로 매주 1시간씩 한 학기 정도의 분량으로 캠퍼스 내 교수, 직원, 학생들에게 적절한 성경공부 교재를 완성한 것을 기쁘게 생각하며 축하드립니다. 초심자로부터 신앙의 연륜이 깊은 분들이 함께 모여 기독교 신앙의 기초를 다지면서 허심탄회하게 자신의 삶과 마음 상태를 점검하고 영적인 교제를 나누는데 적합한 교재로 생각되어 적극 추천합니다.

고형화 교수(광운대학교 전자통신공학과 교수, 8대 광운선교회장)

영성길 클래스를 읽으면서 6년근 인삼에 감초를 넣어 잘 조제한 홍삼을 먹는 느낌이었습니다. 성경 신학적 기초에 조직신학적 뼈대를 세우고 삶으로 연결해내는 과정이 탁월합니다. 여기에 상담신학적 나눔과 흥미로운 삶의 적용까지 보너스로 주어져 있어서, 이 한권의 성경공부만으로도 세속화와 이단의 유혹을 물리칠 수 있는 영적 면역력이 대폭 강화될 수 있을 것입니다. 이런 교재가 나오기까지 저자가 얼마나 수고의 땀을 흘렸는지 느껴집니다. 당장 구입해서 교인들, 특히 젊은 청년들과 나누고 싶은 이런 교재가 나오게 된 것을 감사드립니다. 그리고 축하합니다.

길성운 목사(성복중앙 교회 담임, 학원복음화협의회 공동대표, CTCK 이사)

코로나 19 팬데믹이 닥친 후 자녀 세대가 점점 교회로부터 멀어지게 되어 염려가 큰 시기에 '영성길 클래스 9주'가 출판되어 매우 기쁘게 생각합니다. 저자 박정우 목사님께서 사역하시는 대학의 동료 교수들과 자녀들이 서로 간에 영적 친밀감과 소통의 실마리를 찾도록 제작한 이 '영적성장과 성숙의 길' 교재를 사용함으로써 부모와 자녀 사이뿐 아니라 어떤 유형의 영적 멘토와 멘티간에도 영적 성숙에 큰 도움을 받을 것으로 믿습니다. '영성길 클래스 9주' 공부를 통하여 부디 부모와 자녀세대들이 다시 교회로 돌아오는 역사가 일어나기를 소망합니다.

김은상 교수(삼성서울병원 신경외과의사, 성균관의대 교수협의회장, 살롬교회 장로)

코로나 19 감염병 상황이 가져온 대면과 비대면의 양방향 수업 환경에서 성경공부가 가능한 책이 나와서 무척 반가웠습니다. 캠퍼스 생활을 할 수 있는 대학생이 되었어도 비대면 환경이 지속되다보니 제대로 된 성경공부를 할 수 없어 말씀양육으로 더욱 성장하고 싶은 갈망이 크던 중에 '영성길클래스 9주'교재를 만나게 되었습니다. 이 교재를 사용하여 대면이든 비대면이든 환경에 구애받지 않는 소그룹 모임을 통해 학과 친구들과 함께 영적 성장을 경험하였습니다.

특히 9가지 마음나눔도구는 청년들의 감성을 잘 이해해주고 소통할 수 있도록 도움을 주고 있습니다. 청년부 수련회에서도 유용하게 사용할 수 있었고, 서로의 마음을 나누고 알아갈 수 있는 내용을 제공해 주고 있어 친구들과의 관계도 더욱 깊어 질 수 있었습니다.

혼자서 공부해도 될 만큼 내용이 어렵지 않기 때문에 저와 같은 크리스천 대학생과 청년들에게 체계화된 성경지식을 제공해 줄 수 있는 최적의 교재라고 생각합니다. 캠퍼스와 교회청년부에서 체계화된 양육과 소그룹 모임이 더 풍성해질 수 있도록 돕는 '영성길클래스9주' 교재를 적극 추천합니다.

이희진 학생(총신대학교 아동학과 3학년)

대학생들을 향한 박정우 목사님의 뜨거운 마음과 따뜻한 열정 그리고 사랑이 책에 고스란히 담겨 있습니다. 탄탄한 조직신학을 기반으로 우리의 삶에 가까운 하나님의 말씀을 보여주기 위한 수고와 그 결과에 박수를 보냅니다. 개인은 물론 가정 그리고 소그룹 모두가 이 책을 통해 하나님의 살아계심과 일하심을 경험하게 될 것입니다. 사랑합니다.

지현도 목사(서울광염교회 청년부 담당)

35년간 CCC 간사와 직장인성경공부모임을 섬기는 목회자로서 캠퍼스와 직장 현장에서 말씀의 뿌리를 세우는 것은 가장 중요한 관심사역입니다. 금번에 출판되는 '영성길클래스 9주'는 믿음의 근본이 되는 삼위 하나님과 나와의 관계와 인생의 목적과 구원의 문제, 그리고 영적전쟁과 종말에 대하여 가장 근본적이며 중요한 부분을 말씀에 근거하여 잘 세움을 받도록 가르치고 있습니다. 일방적인 가르침이 아니라 깊은 믿음의 교제를 가능하게 하는 마음나눔도구를 통해 신앙생활이 무엇인지 스스로 깨닫도록 하고 있으며, 성경의 바른 뼈대를 세우는데 큰 도움을 받을 수 있을 것입니다.

문병권 목사(CCC 간사 및 직장인 사역자, 일산광림교회 협동목사)

박정우 목사님은 항상 산에 가서서 주님께 부르짖으며, 캠퍼스에서 복음을 전파하고 전도하며 제자를 키우기 위한 사명을 감당하고 계시는 분입니다. 그런 영성이 뛰어난 분에게 내가 감히 추천사를 쓸 수 있을까 하는 마음이 컸습니다. 그러나 하나님은 정말 놀랍고 신실하신 분입니다. 현재 대학원생과 동역하며 기도 모임을 인도하고 있는데 그 중에는 예수님을 영접했지만 아직 교회를 안 다니는 멤버도 있는 상황이었습니다. 코로나로 예배가 식어지는 요즘에 복음을 바탕으로 단단히 기초를 세우며, 하나님이 원하시는 교회관부터 실재적인 영적 전쟁에 이르기까지 총체적으로 바른 영성의 삶에 대해 나눌 수 있는 교재를 필요로 하고 있었습니다. 이 교재를 훑어 보는 순간 이 교재 하나로 하나님이 기뻐하시는 크리스찬의 삶에 대해 나누며 배울 수 있겠다는 기쁨과 흥분이 올라왔습니다. 앞으로 이 교재를 통해 많은 영혼들이 구원을 받고, 세계복음화의 사명을 감당하는 제자들이 하늘의 별과 같이 일어날 것을 믿음으로 바라보고 기도하며 추천의 글을 마칩니다.

박종훈 교수(고려대학교 체육교육학과)

교재 개관

1과 인생의 목적(서론)
- 내 인생을 하나님이 주도하심을 배웁니다
- 청지기 삶의 내용을 배웁니다
- 예수그리스도를 닮아가는 것이 인생 목표임을 배웁니다

2과 교회(공동체)란 무엇인가(교회론)
- 하나님이 교회(가족, 공동체)를 주신 이유를 알게 됩니다
- 성령님 안에서 하나 됨의 의미를 알게 됩니다
- 교회 존재 목적과 교회의 소명을 알게 됩니다

3과 하나님은 누구신가(신론)
- 하나님이 어떤 분인지(속성)를 이해하게 됩니다
- 하나님이 하신 일(사역)과 나에게 주신 은사를 알게 됩니다
- 하나님 이름의 종류와 의미를 깨닫게 됩니다

4과 아름다운 창조물 사람(인간론)
- 하나님이 사람을 창조하신 목적을 알게 됩니다
- 사람이 죄를 지어 하나님과 깨진 관계를 알게 됩니다
- 하나님과 사람사이의 깨진 관계회복의 방법을 알게 됩니다

5과 예수님은 누구신가(기독론)
- 예수님이 어떤 분인지를 이해하게 됩니다
- 예수님이 어떤 일을 하셨는지를 알게 됩니다
- 예수님은 지금 무엇을 하고 계신지를 알게 됩니다

6과 구원의 확신(구원론)
- 구원의 성경적 의미를 알게 됩니다
- 구원의 확신이 있는지를 점검하고, 확신을 갖도록 도와줍니다
- 믿음의 지, 정, 의 세 측면을 살펴보며 구원의 확신을 견고히 하도록 도와 줍니다

7과 성령님은 누구신가(성령론)
- 성령님이 누구신지 이해합니다
- 그리스도인이 승리하는 믿음 생활과 그 필요를 알게 됩니다
- 성령충만의 정의와 성령충만을 받는 방법을 알게 됩니다

8과 성도의 영적 전쟁
- 성도의 삶이 영적 전쟁의 현장임을 알게 됩니다
- 영적인 세계와 영적전쟁을 알고 대처하는 방법을 알게 됩니다
- 영적 시험의 종류와 대처방법을 알고 승리하는 방법을 배웁니다

9과 모든 완성, 기대되는 종말(종말론)
- 종말은 예수님 재림의 때라는 것을 알게 됩니다
- 종말에 관해 성경이 말하는 징조를 알게 됩니다
- 종말을 준비하는 그리스도인의 영적 태도를 알게 됩니다

교재의 특징과 활용법

● 9과의 커리큘럼은 가족, 직장, 소그룹의 성경공부 모임의 효과적 진행을 돕도록 제작했습니다.

● 청소년 이상의 연령대에서 사용 할 수 있습니다. 각 과 마지막 부분에 나오는 9가지 마음 나눔도구는 초등학교 고학년부터 사용할 수 있습니다.

● 가족 예배, 개인 성경공부, 직장 및 공동체의 소그룹 성경공부를 찾는 분들이 효과적인 도움을 받을 수 있습니다.

● 조직신학의 7가지 주요 주제와 성령론과 영적 전쟁의 총 9가지 주제를 쉽게 이해하도록 제작했습니다.

● 교재내용의 순서대로 사용하시거나 원하는 주제부터 시작해도 됩니다.

● 성경 내용의 질문에 성경 본문을 읽으며 스스로 답을 찾아 가도록 내용을 구성 했고, '성경이 말하는 것을 말하고 침묵하는 것에 침묵하라'는 성경 해석의 원칙을 지켰습니다.

● 성경본문을 교재에 삽입하여 본 교재만으로 성경공부가 가능하도록 했고, 성경 찾기에 익숙하지 않은 분들에게 유용합니다.

● 마음나눔과 관계의 소통을 위한 효과적인 9가지 심리 측정 도구를 기독교인이 사용하는데 적절한 도구로 제작해서 각 과의 끝부분에 담았습니다. 참여하는 모든 분들이 자기 개방적인 태도를 가지고 자율적 나눔이 가능하도록 제작 했습니다.

● 9가지 마음나눔도구(Think together) 기독교교육학 및 상담심리전공 전공자들이 제작과 감수를 했습니다.

▸▸ Contents

영성길
클래스   주

Journey to spiritual growth and maturity 9 weeks

1과 인생의 목적

———— ❧ ————

✚ 핵심구절

창세기 1장 1절

태초에 하나님이 천지를 창조하시니라

요한일서 2장 17절

이 세상도 그 정욕도 지나가되 하나님의 뜻을 행하는 자는 영원히 거하느니라

✚ 이 과의 핵심 내용

- 내 인생을 하나님이 주도하심을 배웁니다.
- 청지기 삶의 내용을 배웁니다.
- 예수그리스도를 닮아가는 것이 인생 목표임을 배웁니다.

마음의 문을 활짝 열며...

사람은 자신만의 인생 목적을 계획하고 살아갑니다. 생존을 위해, 성공을 위해, 가족과 다른 사람을 돕는 봉사를 하기 위해 시간과 열정을 쏟으며 살아갑니다. 목적 없는 인생은 없으며, 각자가 가진 인생의 목적은 소중한 것입니다.

하나님이 창조하신 모든 사람은 예수님을 믿고 영원한 생명을 가지게 됩니다.

그리스도인은 하나님이 계획하신 귀중한 인생을 살아가게 됩니다.

이 시간은 하나님의 자녀된 우리가 세상에서 하나님이 예비하신 풍성한 인생을 살아가는 방법을 배우게 됩니다.

● 내가 이루고 싶은 가장 큰 인생 목표는 무엇입니까?
● 그것을 성취하기 위해서는 어떤 노력이 필요할까요?

　함께 나누어 봅시다.

　──

　──

● 인생의 목적은 무엇입니까?

　누구나 인생의 목적을 세우고 성취하기 위해 달려갑니다.
　인생에서 속도 못지 않게 중요한 것은 인생의 방향입니다.
　잘못된 목표를 세우면 소중한 인생을 허비하게 됩니다.
　예수님을 구주로 영접한 성도는 세상 사람과 다른 인생의 목표를 가지고 살아 가게 됩니다.

예수님을 믿고 난 이후 가장 중요한 변화는 인생을 바라보는 관점의 변화이며 이것은 인생의 변화된 목적으로 나타납니다.

....

....

● 문제는 무엇입니까?

많은 사람이 무감각한 인생의 목적을 가지고 살아갑니다.
이기적인 욕망이 지배하고 경쟁하는 세상의 습관적인 삶의 방식과 목적을 가지고 살아 가기도 합니다.
성도는 세상 안에서 살아가기 때문에 하나님 안에서 변화된 인생의 목적을 가지고 살지만 종종 인생의 목적을 상실하여 실패와 좌절에 빠지기도 합니다.

....

....

이제 성경이 말하는 인생의 목적을 바로 세우는 방법을 함께 살펴보겠습니다.

....

....

말씀의 씨앗을 뿌리며...

하나님이 주도하시는 인생

1 영적으로 성숙한 삶을 산다는 것은 하나님이 인생을 주도하신다는 사실을 인정하는 삶입니다. 주도한다는 것은 이끌어 간다는 뜻인데, 우리 인생의 주도권은 누구에게 있을까요? 다음의 성경 구절을 확인해 보십시오.

창세기 1장1절
태초에 하나님이 천지를 창조하시니라

사도행전 17장 25절
또 무엇이 부족한 것처럼 사람의 손으로 섬김을 받으시는 것이 아니니 이는 만민에게 생명과 호흡과 만물을 친히 주시는 이심이라

....

....

2 하나님이 우리의 인생을 주도하시는 이유는 무엇입니까?

하나님은 우리를 완벽하게 알고 계십니다.
창세기 1장 1절은 하나님이 세상을 만드셨다고 말합니다.
사도행전 17장 25절은 하나님이 모든 사람에게 생명과 호흡과 만물을 주셨다고 말합니다.

하나님은 세상과 사람의 존재 목적을 잘 알고 계십니다.

_____

_____

3 당신은 하나님의 주도권을 인정하십니까?

모든 물건의 사용권리는 그것을 만든 사람에게 있습니다.
하나님은 무에서 유를 창조하셨습니다.
그러므로 우리는 하나님이 우리 인생을 주도하신다는 사실을 인정할 수 있습니다.

_____

_____

4 그리스도인의 삶의 변화의 목적은 무엇입니까?

고린도전서 10장 31절
그런즉 너희가 먹든지 마시든지 무엇을 하든지 다 하나님의 영광을 위하여 하라

이사야 43장 21절
이 백성은 내가 나를 위하여 지었나니 나를 찬송하게 하려 함이니라

● 고린도전서 10장 31절에서는 무엇이라고 말하고 있습니까?
'무엇이든지 하나님의 영광을 위하여 하라'고 하며 인생의 주도권이 하나님에게 있음을 알려 줍니다.

● 이사야 43장 21절은 무엇을 말하고 있습니까?
사람은 하나님을 찬송하기 위해 창조되었습니다. 인간의 모든 삶이 하나님을 찬송하는 통로가 되어야 한다는 뜻입니다.

....

....

5 하나님의 주도권을 인정한 사람의 삶의 방식은 무엇일까요?

삶의 초점이 하나님에게 맞추어 살게되고, 모든 환경에서 하나님의 뜻을 찾게 됩니다.

....

....

6 하나님에게 삶의 주도권을 온전히 맡길 때 기대할 수 있는 변화는 무엇입니까?

하나님이 변화시켜 주실 것은 내가 원하는 것에서 하나님이 원하시는 삶을 사는 것입니다.

● 하나님 안에서 변화된 삶은 무엇입니까?
● 하나님 안에서 변화되고 싶은 삶은 무엇입니까?

....

....

청지기로 살아가는 인생

7 하나님의 주도권을 인정한 사람은 청지기의 삶을 살게 됩니다. 청지기는 주인의 것을 맡아 책임 있게 관리하는 사람입니다. 마태복음 25장 16-30절에 나오는 달란트 비유는 청지기 삶의 소중한 교훈을 줍니다. 세 명의 종들은 주인으로부터 받은 달란트를 각각 어떻게 사용했습니까?

마태복음 25장 16-30절
[16] 다섯 달란트 받은 자는 바로 가서 그것으로 장사하여 또 다섯 달란트를 남기고 [17] 두 달란트 받은 자도 그같이 하여 또 두 달란트를 남겼으되 [18] 한 달란트 받은 자는 가서 땅을 파고 그 주인의 돈을 감추어 두었더니 [19] 오랜 후에 그 종들이 주인이 돌아와 그들과 결산할새 [20] 다섯 달란트 받았던 자는 다섯 달란트를 더 가지고 와서 이르되 주인이여 내게 다섯 달란트를 주셨는데 보소서 내가 또 다섯 달란트를 남겼나이다 [21] 그 주인이 이르되 잘하였도다 착하고 충성된 종아 네가 적은 일에 충성하였으매 내가 많은 것을 네게 맡기리니 네 주인의 즐거움에 참여할지어다 하고 [22] 두 달란트 받았던 자도 와서 이르되 주인이여 내게 두 달란트를 주셨는데 보소서 내가 또 두 달란트를 남겼나이다 [23] 그 주인이 이르되 잘하였도다 착하고 충성된 종아 네가 적은 일에 충성하였으매 내가 많은 것을 네게 맡기리니 네 주인의 즐거움에 참여할지어다 하고 [24] 한 달란트 받았던 자는 와서 이르되 주인이여 당신은 굳은 사람이라 심지 않은 데서 거두고 헤치지 않은 데서 모으는 줄을 내가 알았으므로 [25] 두려워하여 나가서 당신의 달란트를 땅에 감추어 두었나이다 보소서 당신의 것을 가지셨나이다 [26] 그 주인이 대답하여 이르되 악하고 게으른 종아 나는 심지 않은 데서 거두고 헤치지 않은 데서 모으는 줄로 네가 알았느냐 [27] 그러면 네가 마땅히 내 돈을 취리하는 자들에게나 맡겼다가 내가 돌아와서 내 원금과 이자를 받게 하였을 것이니라 하고 [28] 그에게서 그 한 달란트를 빼앗아 열 달란트 가진 자에게 주라 [29] 무릇 있는 자는 받아 풍족하게 되고 없는 자는 그 있는 것까지 빼앗기리라 [30] 이 무익한 종을 바깥 어두운 데로 내쫓으라 거기서 슬피 울며 이를 갈리라 하니라

8 마침내 주인이 돌아 와서 종들을 어떻게 판단했습니까?
   다섯 달란트, 두 달란트 받은 종들과 한 달란트 받은 종은 무엇이라고 말했습니까?

주인은 다섯 달란트, 두 달란트 받은 종에게 '잘하였도다 착하고 충성된 종아 네가 적은 일에 충성하였으매 내가 많은 것을 네게 맡기리니 네 주인의 즐거움에 참여할지어다'라고 칭찬했습니다.

주인은 한 달란트 받은 종에게 '악하고 게으른 종아 나는 심지 않은 데서 거두고 헤치지 않은 데서 모으는 줄로 네가 알았느냐'하고 책망했습니다.

....

....

9 여기에서 알 수 있는 영적 교훈은 무엇입니까?

1) 인생은 결산의 때가 있습니다.
   하나님의 뜻을 이루기위해 나에게 맡겨주신 청지기로써 삶을 이해하고 살아가야 합니다.

2) 하나님에 대한 바른 이해를 할 수 있습니다.
   하나님의 뜻을 이루기위해 나에게 맡겨주신 청지기로써 삶을 이해하고 살아가야 합니다.

....

....

....

10 내 인생의 주인이신 하나님이 내게 맡겨주신 재산 목록은 무엇입니까? 현재 잘 하고 있는 것과 미래에 잘 하고 싶은 것을 기록해 보십시오. 함께 나누어보고 다짐해 보십시오.

시간, 사람, 재정, 직장과 교회와 가정에서 역할 등이 될 수 있습니다.

● 나의 재산 목록
● 현재 잘 하고 있는 목록과 현재 상태를 유지할 수 있는 목표
● 개선해야 할 목록과 목표

....

....

작은 예수로 살아가는 인생

11 성도 인생의 궁극적인 목적은 예수님을 닮아가는 것입니다. 바울이 말한 그리스도인이 추구해야 할 궁극적 모습은 무엇입니까?

에베소서 4장 13절
우리가 다 하나님의 아들을 믿는 것과 아는 일에 하나가 되어 온전한 사람을 이루어 그리스도의 장성한 분량이 충만한 데까지 이르리니

로마서 8장 29절
하나님이 미리 아신 자들을 또한 그 아들의 형상을 본받게 하기 위하여 미리 정하셨으니 이는 그로 많은 형제 중에서 맏아들이 되게 하려 하심이니라

....

....

12 하나님이 성도를 부르신 목적은 예수님을 닮아가는 것입니다. 지금 성령님은 예수님을 닮아가도록 성도의 모든 인생에 참여하시고 돕고 동행하십니다. 예수님을 닮아간다는 것은 예수님처럼 생각하고 행동하고 산다는 것입니다. 지금까지 나의 삶의 방식을 획기적으로 전환을 하는 것입니다.

갈라디아서 5장 19-23절

¹⁹ 육체의 일은 분명하니 곧 음행과 더러운 것과 호색과 ²⁰ 우상 숭배와 주술과 원수 맺는 것과 분쟁과 시기와 분냄과 당 짓는 것과 분열함과 이단과 ²¹ 투기와 술 취함과 방탕함과 또 그와 같은 것들이라 전에 너희에게 경계한 것 같이 경계하노니 이런 일을 하는 자들은 하나님의 나라를 유업으로 받지 못할 것이요 ²² 오직 성령의 열매는 사랑과 희락과 화평과 오래 참음과 자비와 양선과 충성과 ²³ 온유와 절제니 이같은 것을 금지할 법이 없느니라

일상의 열매를 거두며...

13 목적이 없는 인생은 허무한 인생입니다. 솔로몬은 하나님이 없는 인생은 목적이 없는 인생이며, 목적 없는 인생은 '헛되고 헛되며 헛되고 헛되니 모든 것이 헛되도다'(전도서 1:2)라고 까지 고백했습니다.

열심을 내어 달려가지만 목표가 잘못되어 있다면 얼마나 허망할까요?
예수님을 닮아 가는 것을 인생목표로 확정할 때 우리는 가슴벅찬 인생을 살아가게 됩니다.
이보다 가치 있는 일이 이 세상에 존재할까요?

● 이 과에서 배운 내용이 무엇인지 정리해 보십시오.
● 내게 주신 하나님의 풍성한 인생을 살기 위해서 어떠한 노력이 필요한지 나누어 봅시다.

....

....

우리 가족 십계명 만들기

첫째, 하나님 예배를 먼저 생각하는 사람이 되겠습니다.
둘째, 하나님이 주신 물질에 대하여 청지기의 마음을 가지고 살겠습니다.
셋째,...

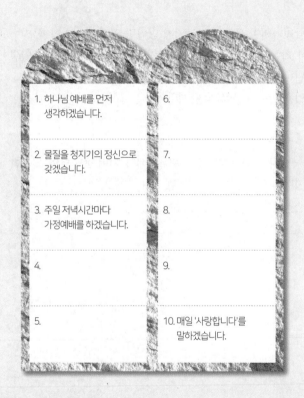

1. 하나님 예배를 먼저
   생각하겠습니다.

2. 물질을 청지기의 정신으로
   갖겠습니다.

3. 주일 저녁시간마다
   가정예배를 하겠습니다.

4.

5.

6.

7.

8.

9.

10. 매일 '사랑합니다'를
    말하겠습니다.

Tips. 십계명 만드는 방법

1. 개인 인생 십계명, 부부 인생 십계명, 가족 인생 십계명을 만들어 볼 수 있습니다.
2. 개인, 부부, 가족이 십계명 작성 후 밑 부분에 개인 서명을 하여 스스로 다짐하게 하는 것도 좋습니다.
3. 액자 또는 코팅을 하여 가족들과 내가 볼 수 있는 곳에 비치해 둡니다.
4. 가정예배 할 때마다 함께 낭독하는 것도 좋습니다.

(   )십계명

1.

2.

3.

4.

5.

6.

7.

8.

9.

10.

서명: _____

＊memo

2과 교회(공동체)란 무엇인가

---◦⊱≼◦≽⊰◦---

✚ 핵심 구절

사도행전 2장 42절

그들이 사도의 가르침을 받아 서로 교제하고 떡을 떼며 오로지 기도하기를
힘쓰니라

에베소서 4장 3-4절

평안의 매는 줄로 성령이 하나되게 하신 것을 힘써 지키라 몸이 하나요 성령도
한 분이시니 이와 같이 너희가 부르심의 한 소망 안에서 부르심을 받았느니라

✚ 이 과의 핵심 내용

- 하나님이 교회(공동체)를 주신 이유를 알게 됩니다.
- 성령님 안에서 하나 됨의 의미를 알게 됩니다.
- 교회 존재 목적과 교회의 소명을 알게 됩니다.

마음의 문을 활짝 열며...

십자가 아래 모든 땅에 살고 있는 사람은 평등하다는 말이 있습니다. 모든 그리스도인들은 하나님의 가족으로 친밀한 가족이 될 특권이 있다는 말과 같습니다. 현대인들을 군중속의 고독한 존재로 표현하기도 합니다. 그리스도인들은 가족의 일원으로서 소외되지 않도록 서로를 보살피고 격려하며 함께 모여 서로 세워 줄 때 진실된 성도의 교제가 이루어집니다. 만일 그리스도인이 홀로 고립되어 있다면 가족간의 관계가 지속될 수 없습니다. 하나님은 교회(공동체)를 선물로 주셨습니다. 하나님은 모든 그리스도인들이 믿음의 가족으로서 교회의 활발한 구성원이 되기를 기대하십니다.

바쁜 현대를 살아가면서 요즘 군중속의 고독한 존재가 된 경험이 있습니까?
또는 그런 상황에 있던 분을 도와주신 경험이 있다면 나누어 주십시오.

● 당신은 교회(공동체)를 인생의 선물이라고 생각해본 적이 있으십니까?

그렇다면(그렇지 않다면) 그 이유를 나누어 주시겠습니까?

....

....

말씀의 씨앗을 뿌리며...

공동체 존재의 이유는 무엇입니까?

1 성도는 공동체의 일원으로 존재합니다. 다음 성경 구절은 공동 체의 모습을 보여주고 있습니다.

창세기 1장 26-27절

26 하나님이 이르시되 우리의 형상을 따라 우리의 모양대로 우리가 사람을 만들고 그늘로 바나의 불고기와 하늘의 새와 가축과 온 땅과 땅에 기는 모든 것을 디스리게 하자 하시고 27 하나님이 자기 형상 곧 하나님의 형상대로 사람을 창조하시되 남자와 여자를 창조하시고

창세기 2장 18절

여호와 하나님이 이르시되 사람이 혼자 사는 것이 좋지 아니하니 내가 그를 위하여 돕는 배필을 지으리라 하시니라

● 하나님이 사람을 만드시고 사람을 위해 하셨던 일은 무엇입니까?

돕는 배필을 만드셔서 인류 첫 공동체(가족)를 주신 것입니다. 공동체는 하나님의 속성이기도 합니다. 창세기 1장 26-27절은, '우리의 모양대로' 사람을 창조하셨다고 말합니다. '우리'라는 표현에서 하나님의 공동체 속성과 사람이 공동체 가운데 존재하도록 창조되었음을 알 수 있습니다. 구약의 첫 공동체는 가정에서 시작했음을 알 수 있습니다. 신약에서 확장된 영적 가정 공동체는 교회입니다.

사도행전 2장 42절

그들이 사도의 가르침을 받아 서로 교제하고 떡을 떼며 오로지 기도하기를 힘쓰니라

● 사도행전 2장 42절의 배경은 무엇입니까?

예수님이 부활 및 승천하신 후에 성령님이 임하셔서 성도들이 첫 교회로 모이기 시작했을 때입니다. 다시 말하면 성령님이 임하셔서 성도들을 새롭게 모이게 했던 시기입니다.

첫 교회의 가족이 된 이들은 무엇을 했습니까?
사도의 가르침을 받고, 서로 교제하고, 떡을 떼고, 함께 기도했는데 이것이 공동체의 4가지 속성입니다.

---

2 지금까지 교회(공동체)에 대해 생각했던 당신의 생각을 나누어 주시겠습니까?
구약의 가정과 신약의 교회가 공동체의 속성을 가진다는 것을 어떻게 정리 할 수 있습니까?

신구약 성경에서 일관되게 나오는 사실은 사람과 성도가 공동체의 일원으로 존재하도록 창조되었다는 사실입니다. 공동체는 우리의 일상과 신앙의 성장과 성숙을 위해 매우 중요한 존재입니다.

● 공동체가 중요한 이유는 무엇일까요?

1) 공동체는 고독에 대한 하나님의 해답입니다. 가장 오래 가는 방법은 함께 가는 것입니다.

2) 공동체는 슬픔에 대한 하나님의 해답입니다. 슬픔과 고난 중에 있을 때 공동체는 함께 참여하고 공감해 주어 힘이 되어 줍니다.

3) 공동체는 두려움에 대한 하나님의 해답입니다. 혼자 일을 하는 것 보다 함께 할 때 더 큰 용기와 결과를 얻게 됩니다.

교회를 누가 한 몸 되게 하십니까?

3 성령님은 예수님과 성도들이 유기적인 연합을 이루는 교회(공동체)를 만드셨습니다. 교회는 세상 모임과 다른 구별된 특징이 있습니다.

고린도전서 12장 13절
우리가 유대인이나 헬라인이나 종이나 자유민이나 다 한 성령으로 세례를 받아 한 몸이 되었고, 또 다 한 성령을 마시게 하셨느니라

● '유대인이나 헬라인, 종이나 자유인이 한 성령으로 한 몸이 되었다'는 것은 어떤 의미일까요?

교회 안에서는 어떠한 차별이 없다는 뜻입니다. 공동체의 일원이 되는 데는 신분, 혈통, 소유의 차이, 성별, 국적이 전혀 문제가 되지 않고 그래서는 안된다는 것입니다.

....

....

4 교회의 머리는 누구이며, 성도는 어떤 부분에 속해 있습니까?

고린도전서 12장 27절
너희는 그리스도의 몸이요 지체의 각 부분이라

교회는 그리스도의 몸이고, 모든 성도는 교회의 지체라고 부르는 각 부분입니다. 교회의 머리가 그리스도라는 의미는 교회의 주인이시고, 교회는 머리이신 그리스도의 뜻에 따라 함께 움직이는 몸과 같은 유기체라는 뜻입니다. 우리가 그리스도인이 될 때 이미 몸의 지체(부분)가 된 것입니다.

- 교회는 예수님이 머리가 되시고, 모든 성도가 한 몸으로 통일되었습니다(통일성).
- 교회는 몸의 부분(지체)이 다르듯 다양한 역할을 가지고 있습니다(다양성).
- 교회는 머리가 되신 예수님 안에서 하나의 가족입니다(우주성).
- 교회는 국가, 지역의 성도들과 한 교회를 이룹니다(지역성).

....

....

5 에베소서에서 교회를 무엇이라고 부르고 있습니까?

에베소서 2장 19절
그러므로 이제부터 너희는 외인도 아니요 나그네도 아니요 오직 성도들과 동일한 시민이요 하나님의 권속이라

교회를 하나님의 권속, 피를 나눈 친밀한 가족으로 정의합니다. 세상 모임이 타인과 관계를 이루는 모임이라면, 교회는 하나님 자녀들이 모인

가족의 정체성을 갖는 모임입니다.

....

....

6 내가 교회를 이루는 가족이라면 우리 교회에서 담당할 역할이 있습니다. 내가 할 수 있거나, 해야 할 역할은 무엇일까요?

빌립보서 2장 3-4절
아무 일에든지 다툼이나 허영으로 하지 말고 오직 겸손한 마음으로 각각 자기보다
남을 낫게 여기고 각각 자기 일을 돌볼뿐더러 또한 각각 다른 사람들의 일을 돌보아
나의 기쁨을 충만하게 하라

교회는 무엇을 위해 존재합니까?

7 내가 그리스도의 몸인 교회로 부름 받았다는 사실은 놀라운 은 혜입니다. 몸 된 교회를 '함께 바르게' 세워가기 위해서는 하나 님이 교회를 세우신 목적을 바르게 이해해야 합니다. 교회 존재의 첫 번째 목적은 하나님을 위해서 입니다.

....

....

이사야 43장 21절
이 백성은 내가 나를 위하여 지었나니 나를 찬송하게 하려 함이니라

세계 기독교인의 신앙모범교리서인 웨스터민스터 신앙고백서 소요리
의 107개 문답에서 첫 번째 질문과 답은 무엇입니까?

1문: 사람의 제일 되는 목적이 무엇입니까?

1답: 사람의 제일 되는 목적은 하나님을 영화롭게 하는 것과 영원토록
그를 즐거워하는 것입니다.

교회가 해야 할 최고의 일은 하나님을 예배하는 것입니다. 예배는 하나님을 인정, 선포, 높이는 믿음의 행동입니다.

● 예배의 요소는 무엇입니까? (질문 1의 사도행전 2장 42절 내용참고)

....

....

8 공적예배(모이는 교회, 주일예배)는 성도로서 공식적인 존재를 드러내는 영적 행위입니다. 개인예배(흩어지는 교회, 삶의 예배)는 일상에서 그리스도인의 빛과 소금의 존재를 드러내는 영적 행위입니다.

마태복음 5장 13-16절

[13] 너희는 세상의 소금이니 소금이 만일 그 맛을 잃으면 무엇으로 짜게 하리요 후에는 아무 쓸데 없어 다만 밖에 버려져 사람에게 밟힐 뿐이니라 [14] 너희는 세상의 빛이라 산 위에 있는 동네가 숨겨지지 못할 것이요 [15] 사람이 등불을 켜서 말 아래에 두지 아니하고 등경 위에 두나니 이러므로 집 안 모든 사람에게 비치느니라 [16] 이같이 너희 빛이 사람 앞에 비치게 하여 그들로 너희 착한 행실을 보고 하늘에 계신 너희 아버지께 영광을 돌리게 하라

로마서 12장 1-2절

그러므로 형제들아 내가 하나님의 자비하심으로 너희를 권하노니 너희 몸을 하나님이 기뻐하시는 거룩한 산 제물로 드리라 이는 너희가 드릴 영적 예배니라 너희는 이 세대를 본받지 말고 오직 마음을 새롭게 함으로 변화를 받아 하나님의 선하시고 기뻐하시고 온전하신 뜻이 무엇인지 분별하도록 하라

● 예수님이 성도를 빛과 소금으로 비유하신 이유는 무엇입니까?
● 우리의 삶을 하나님이 기뻐하시는 제물로 드리라고 하는 의미는 무엇일까요?

....

....

Tip. 공동체의 구성요소와 소그룹

초대교회는 인격적 교제가 소통이 되는 소그룹으로 모였고, 수 많은 소그룹이 초대교회를 이루었습니다.

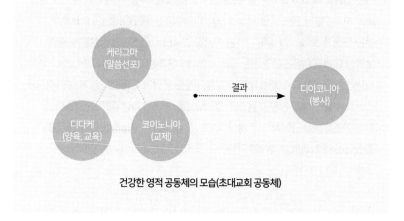

건강한 영적 공동체의 모습(초대교회 공동체)

소그룹의 생명력은 말씀(케리그마)을 정직히 듣는 것에서 시작합니다. 공동체에서 들은 말씀을 가르치고, 함께 가족으로 교제하게 됩니다. 그 결과 세상을 섬기는 봉사의 역할을 감당할 수 있습니다.

요한복음 8장 31-32절
[31] 그러므로 예수께서 자기를 믿은 유대인들에게 이르시되 너희가 내 말에 거하면 참으로 내 제자가 되고 [32] 진리를 알지니 진리가 너희를 자유롭게 하리라

'내 말이 거하면'은 결과적으로 '참 내 제자가 되고', '진리를 알고(인격적인 앎)', '자유하게' 된다는 의미입니다. 예수님과 그분의 말씀을 아는 것에서 영적 자유함이 시작됩니다.

9 교회를 이 땅에 세우신 두 번째 목적은 성도를 위해서입니다. 이것은 어떤 의미입니까?

에베소서 4장 11-16절
11 그가 어떤 사람은 사도로, 어떤 사람은 선지자로, 어떤 사람은 복음 전하는 자로, 어떤 사람은 목사와 교사로 삼으셨으니 12 이는 성도를 온전하게 하여 봉사의 일을 하게 하며 그리스도의 몸을 세우려 하심이라 13 우리가 다 하나님의 아들을 믿는 것과 아는 일에 하나가 되어 온전한 사람을 이루어 그리스도의 장성한 분량이 충만한 데까지 이르리니 14 이는 우리가 이제부터 어린 아이가 되지 아니하여 사람의 속임수와 간사한 유혹에 빠져 온갖 교훈의 풍조에 밀려 요동하지 않게 하려 함이라 15 오직 사랑 안에서 참된 것을 하여 범사에 그에게까지 자랄지라 그는 머리니 곧 그리스도라 16 그에게서 온 몸이 각 마디를 통하여 도움을 받음으로 연결되고 결합되어 각 지체의 분량대로 역사하여 그 몸을 자라게 하며 사랑 안에서 스스로 세우느니라

교회안에 영적인 지도자들을 주신 이유는 '성도를 온전케 하고', ' 그에게 까지 자라도록 하기 위함'입니다. 이를 위해서 성도들에게는 영적 훈련이 필요합니다.

- 지금까지 교회 내에서 받은 신앙훈련은 무엇입니까?
- 신앙훈련을 통해 유익했던 것은 무엇입니까?
- 지금 내가 필요로 하는 영적 훈련은 무엇입니까?
  _____
  _____

10 교회 존재의 세 번째 목적은 세상을 위한 것입니다. 이것은 예수님을 믿지 않는 사람들을 위한 하나님의 계획과 관련이 있습니다. 세상을 위한 교회의 역할은 무엇입니까?

_____

_____

사도행전 1장 8절
오직 성령이 너희에게 임하시면 너희가 권능을 받고 예루살렘과 유대와 사마리아와 땅끝까지 이르러 내 증인이 되리라 하시니라

권능을 받는다는 것은 성령님의 다스림 안에 있는 것이고, 증인이 된다는 것은 그리스도를 세상에 전하는 것입니다. 성령님이 우리와 함께 계신 중요한 이유는 세상에 복음을 증거하기 위함입니다.

11 세상의 끝은 언제 오겠습니까?

마태복음 24장 14절
이 천국 복음이 모든 민족에게 증언되기 위하여 온 세상에 전파되리니 그제야 끝이 오리라

복음이 땅 끝까지 전파되면 세상의 끝(종말)이 옵니다. 주님은 교회에게 세상 끝까지 복음을 전하라는 사명을 주셨습니다.

● '세상 끝'은 어떤 때를 의미할까요?

_____

_____

마치 기대하던 결혼식을 앞에 둔 신랑과 신부가 결혼식 날을 손꼽아 기다리는 것에 비유할 수 있습니다. 여기에서 종말은 두려움과 절망적인 끝이 아니라, 소망이 완성되는 영적인 축제의 때를 의미합니다.

12 성령님은 성도와 늘 함께 하십니다. 성도를 작은 예수로 세우고 세상에서 입술의 고백과 삶으로 예수님을 드러내도록 도우십니다. 예수 그리스가 머리가 되시고, 성도들은 모든 부분(지체)을 이루는 교회(공동체)를 만듭니다.
하나님을 예배하고 성도들과 교제하는 영적인 교회 공동체를 이루어 하나님 나라를 예수님이 다시 오시는 날(재림)까지 이루어 가십니다.

무엇보다 우리는 성도로써 그리스도의 증인이라는 사명을 받았습니다. 이 사명은 특별히 부여받은 딜린트기 아니라 순종해야 하는 하나님의 일입니다.

● 내가 교회 가족으로써 우리 교회를 위해, 교회 성도를 위해 섬길 수 있는 사역(일)은 무엇입니까?

....

....

열정 온도계

가족, 개인의 인생 목표 목록을 만들어 각 목록마다 열정온도를 기록해 보십시오

Tips.

1. 나의 열정이 현재 몇 도가 되는지 스스로 해당
   온도를 기록합니다.

2. 수치
   0도 – 열정이 없는 상태
   50도 – 열정이 생기고 있는 상태
   100도 – 열정이 충분한 상태

3. 현재의 온도수치를 스스로 생각하여 다음의 질문을
   서로 나눕니다.
   1) 현재의 온도를 갖게 된 이유는 무엇입니까?
   2) 열정의 온도를 높이거나 유지하려면 어떻게 해야
      할까요?
   3) 나에게 열정적인(도전적인) 에너지를 주는
      모델은 누구입니까?

4. 열정목록을 사랑, 섬김, 학업, 기도, 예배 등 개인과
   가족, 공동체에서 필요한 목록을 만들어 나누어도
   됩니다.

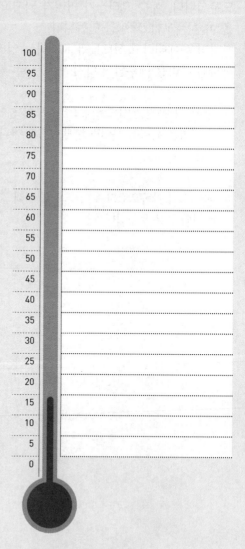

열정 온도계

100	
95	
90	
85	
80	
75	
70	
65	
60	
55	
50	
45	
40	
35	
30	
25	
20	
15	
10	
5	
0	

＊memo

3과 하나님은 누구신가

———— ❧ ————

✚ 핵심구절

창세기 1장 1절

태초에 하나님이 천지를 창조하시니라

요한계시록 1장 8절

주 하나님이 이르시되 나는 알파와 오메가라 이제도 있고 전에도 있었고 장차
올 자요 전능한 자라 하시더라

✚ 이 과의 핵심 내용

● 하나님이 어떤 분인지(속성)를 이해하게 됩니다.
● 하나님이 하신 일(사역)과 나에게 주신 은사를 알게 됩니다.
● 하나님 이름의 종류와 의미를 깨닫게 됩니다.

마음의 문을 활짝 열며...

가족의 영어표현은 Family입니다. 이런 의미 있는 해석도 있습니다.
F는 Father (아버지)
A는 And (그리고)
M은 Mother (어머니)
I는 I 그대로 (나)
L은 Love (사랑)
Y는 You (당신을)
이라고 합니다.

즉 Family라는 말은 원래
'아버지 어머니 저는 당신을 사랑합니다'
라는 뜻이라고 합니다.

나의 가족은 어떤 분들인지 소개해 봅시다.
육적 가족 또는 영적 가족이나 친밀한 인생 가족을 소개해 봅시다.
나의 가족 한 사람마다 대표되는 특징을 형용사로 생각해 봅시다.
가족과 함께 하며 마음에 남는 가장 큰 추억이나 기억은 무엇입니까?

....

....

● 당신이 알고 있는 하나님은 어떤 분인지 서로 나누어 봅시다.

....

....

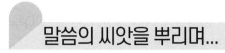

하나님의 속성

1 그리스도인으로서 당신은 이미 하나님을 알고 있습니다. 그리스도인의 생활에서 하나님이 중심이 되도록 하기 위해서는 하나님이 누구신지에 대한 성품을 알 필요가 있습니다. 왜냐하면, 하나님의 백성으로서 하나님이 원하는 삶을 살 수 있기 때문입니다.

하나님의 성품을 모르기 때문에 오해를 하거나 불신의 삶을 사는 사람들이 있습니다.
하나님에 대해 아는 것은 우리가 그리스도인으로 살아가는 데 매우 중요한 일입니다.

하나님의 성품을 알면 자신의 주위에서 일어나는 일을 이해하기 쉽고, 인생의 방향 감각을 바로 가지고 살수 있습니다.

성경을 바르게 배울 때 하나님을 알 수 있습니다.

그러면 진실된 예배를 할 수 있고, 온전한 그리스도인의 삶을 살 수 있습니다.

하나님의 성품이 궁금합니다. 성경에서 보여주는 하나님의 성품들을 살펴봅시다.

2 다음 성경에서 보여주는 하나님은 어떤 분입니까? 함께 나누어 봅시다.

창세기 1장 1절
태초에 하나님이 천지를 창조하시니라

창세기 18장 13-14절
[13] 여호와께서 아브라함에게 이르시되 사라가 왜 웃으며 이르기를 내가 늙었거늘 어떻게 아들을 낳으리요 하느냐 [14] 여호와께 능하지 못한 일이 있겠느냐 기한이 이를 때에 내가 네게로 돌아오리니 사라에게 아들이 있으리라

요한계시록 1장 8절
주 하나님이 이르시되 나는 알파와 오메가라 이제도 있고 전에도 있었고 장차 올 자요 전능한 자라 하시더라

....

....

3 하나님의 속성은 크게 두 가지로 구분 할 수 있습니다.

하나는 하나님만이 소유하는 유일한 속성(비공유적 속성)이고, 다른 하나는 인간과 함께 소유하는 속성(공유적 속성)입니다. 비공유적 속성은 온 우주에서 하나님이 절대자의 신분과 권위로써 보여주는 것입니다. 공유적 속성은 하나님의 창조물인 인간이 하나님의 형상을 닮아 갈 수 있는 속성입니다.

● 나를 대표하는 성격을 형용사 3개로 표현한다면 무엇인지 나누어주십시오.

....

● 10년 전(또는 그 이전)의 나와 현재 나의 성격의 어떤 부분이 변화되었습니까?

....

사람은 각자가 가지고 있는 기질과 성격의 특징을 가지고 인생을 살아갑니다.
마찬가지로 하나님이 갖는 특징(속성)이 있습니다.

4 하나님에게만 있는 속성(비공유적 속성)

이 성품은 오직 하나님에게만 속한 것이므로 피조물이든 영적인 것이든 이 성품을 닮은 존재는 아무것도 어디에도 없습니다.

● 하나님은 주권자(Sovereignity) 입니다. 우주 최고의 통치자, 지배자 입니다.

로마서 11장 36절
이는 만물이 주에게서 나오고 주로 말미암고 주에게로 돌아감이라 그에게 영광이
세세에 있을지어다 아멘

....

● 하나님은 전지(Omniscience)합니다. 모든 것을 아시는 분 입니다.

요한일서 3장 19-20절
[19] 이로써 우리가 진리에 속한 줄을 알고 또 우리 마음을 주 앞에서 굳세게 하리니 [20]
이는 우리 마음이 혹 우리를 책망할 일이 있어도 하나님은 우리 마음보다 크시고 모든
것을 아시기 때문이라

....

● 하나님은 전능(Omnipotence)합니다. 불가능 한 것이 없는 분입니다.

시편 147장 4-5절
⁴ 그가 별들의 수효를 세시고 그것들을 다 이름대로 부르시는도다 ⁵ 우리 주는 위대하시며 능력이 많으시며 그의 지혜가 무궁하시도다

● 하나님은 무소부재(Omnipresence)합니다. 어디에나 계시는 분입니다.

시편 139장 7-8절
⁷ 내가 주의 영을 떠나 어디로 가며 주의 앞에서 어디로 피하리이까 ⁸ 내가 하늘에 올라갈지라도 거기 계시며 스올에 내 자리를 펼지라도 거기 계시니이다

● 하나님은 불변(Immutability)합니다. 변함이 없으신 분입니다.

시편 102장 27절
주는 한결같으시고 주의 연대는 무궁하리이다

야고보서 1장 17절
온갖 좋은 은사와 온전한 선물이 다 위로부터 빛들의 아버지께로부터 내려오나니 그는 변함도 없으시고 회전하는 그림자도 없으시니라

● 하나님은 영원(Eternity)합니다. 한계가 없으신 분입니다.

이사야 44장 6절
이스라엘의 왕인 여호와, 이스라엘의 구원자인 만군의 여호와가 이같이 말하노라 나는 처음이요 나는 마지막이라 나 외에 다른 신이 없느니라

히브리서 13장 8절
예수 그리스도는 어제나 오늘이나 영원토록 동일하시니라

---

5 하나님에게 있고 사람이 닮아 갈 수 있는 속성(공유적 속성)

공유적 속성은 하나님에게 속해 있으며, 하나님과 인간의 관계에서 발견 할 수 있습니다.

● 인자함 : 하나님은 사랑하는 대상의 장단점에 관계 없이 아낌 없이 사랑을 베푸십니다.

요한복음 3장 16절
하나님이 세상을 이처럼 사랑하사 독생자를 주셨으니 이는 그를 믿는 자마다
멸망하지 않고 영생을 얻게 하려 하심이라

● 성실함 : 하나님은 언제나 진실하시고 거짓이 없습니다.

빌립보서 2장 15절
이는 너희가 흠이 없고 순전하여 어그러지고 거스르는 세대 가운데서 하나님의 흠
없는 자녀로 세상에서 그들 가운데 빛들로 나타내며

● 의로움 : 하나님은 잘못된 일을 하지 않습니다. 하나님은 자녀들에게도 의로움을 요구하십니다.

신명기 32장 4절

그는 반석이시니 그가 하신 일이 완전하고 그의 모든 길이 정의롭고 진실하고 거짓이 없으신 하나님이시니 공의로우시고 바르시도다

마태복음 5장 48절

그러므로 하늘에 계신 너희 아버지의 온전하심과 같이 너희도 온전하라

● 공의로움 : 하나님은 공정하십니다. 하나님은 모든 인간을 공정하게 대우하십니다.

시편 89장 14-15절

[14] 공의와 정의가 주의 보좌의 기초라 인자함과 진실함이 주 앞에 있나이다 [15] 즐겁게 소리칠 줄 아는 백성은 복이 있나니 여호와여 그들이 주의 얼굴 빛 안에서 다니리로다

로마서 1장 18-19절

[18] 하나님의 진노가 불의로 진리를 막는 사람들의 모든 경건하지 않음과 불의에 대하여 하늘로부터 나타나나니 [19] 이는 하나님을 알 만한 것이 그들 속에 보임이라 하나님께서 이를 그들에게 보이셨느니라

---

6 인간이 하나님을 완전히 이해한다는 것은 불가능합니다.

지금까지 살펴본 하나님의 성품이 하나님의 성품 전부를 나타내는 것은 아닙니다. 우리는 성경이 말하는 범위 내에서 하나님을 끊임없이 알아가고 닮아가고자 노력해야 합니다.

● 하나님의 모든 성품을 대표하는 성품은 무엇입니까?

요한일서 4장 16절
하나님이 우리를 사랑하시는 사랑을 우리가 알고 믿었노니 하나님은 사랑이시라
사랑 안에 거하는 자는 하나님 안에 거하고 하나님도 그의 안에 거하시느니라

하나님의 사역

7 하나님은 그의 목적을 이루시기 위해 일하십니다.

예수님도 목수의 직업을 가지고 일하셨고, 공생애 동안 하나님 나라를 위해 일을 하셨습니다. 하나님 나라와 공동체를 섬기는 일을 '사역(Mission)'이라고 합니다. 예수님과 함께 일을 하기 위해서는 깊은 교제를 나누며 그를 따라가야 합니다. 예수님을 따르며 그에게 순종하는 사람들은 예수님을 위한 사역으로 열매가 나타납니다.

창세기 1장 1절
태초에 하나님이 천지를 창조하시니라

마태복음 4장 19절
나를 따라오너라 내가 너희를 사람을 낚는 어부가 되게 하리라

요한복음 5장 17절
예수께서 저희에게 이르시되 내 아버지께서 이제까지 일하시니 나도 일한다

----

8 하나님을 닮아 가려면 적극적인 신앙태도로 변해야 합니다. 그러면 하나님 위한 일, 즉 사역을 할 수 있습니다.

1592년 시작된 종교개혁의 결과는 성경을 성도에게 돌려준 것입니다. 오늘날 영적개혁은 사역을 일반 성도에게 돌려주는 영적 운동이 되어야 합니다.

우리가 세례를 받았다면 목사 안수를 받고 안받고 와는 상관없이 모든 성도는 사역자입니다.

이것이 하나님을 닮아가는 건강한 영적 자세입니다.

하나님은 우리에게 사역을 하도록 명하시면서 이를 감당하는데 필요한 은사들을 주셨습니다. 하나님이 우리에게 주신 은사들을 우쭐하거나 자랑해서는 안됩니다. 은사를 사용하지 않고 내버려 두어서도 안 됩니다. 은사들은 하나님의 사역을 위해 거저 주신 것이기 때문에 하나님의 역사하심을 따라 사용해야 합니다.

로마서 12장 6절-8절

6 우리에게 주신 은혜대로 받은 은사가 각각 다르니 혹 예언이면 믿음의 분수대로 7 혹 섬기는 일이면 섬기는 일로, 혹 가르치는 자면 가르치는 일로, 8 혹 위로하는 자면 위로하는 일로, 구제하는 자는 성실함으로, 다스리는 자는 부지런함으로, 긍휼을 베푸는 자는 즐거움으로 할 것이니라

로마서에 기록된 은사는 성품과 연관되어 일상에서 드러나는 것들입니다.

● 나는 어떤 은사를 가지고 있습니까?
● 하나님이 내게 주신 은사를 어떻게 구별할 수 있습니까?
● 내가 가지고 있는 은사를 어떻게 사용하고 있습니까?

하나님의 이름

9 하나님의 성품과 사역은 성경에서 나타난 하나님의 이름에서
잘 알 수 있습니다.
성경에 나타난 하나님의 이름과 그 의미를 살펴보십시오

1) 야훼(Yahweh), 여호와(Jehovah) - 스스로 존재하심 (출 3:14-15)

2) 엘샤다이 (El Shaddai) - 모든 것을 충족케 하시는 하나님(창 17:1-20)

3) 엘 엘로헤 이스라엘(El Elohe Israel) - 이스라엘의 하나님(창 33:20)

4) 엘 로이(El Roi) - 감찰하시는 전능자(창 16:13)

5) 여호와 이레(Yahweh Ylreh) - 어호와께서 쥬비하심(창 22:8-14)

6) 여호와 라파(Yahweh Rapha) - 치료하시는 여호와(출 15:26)

7) 여호와 닛시(Yahweh Nissi) - 여호와는 나의 깃발(출 17:15)

8) 여호와 마카데쉠(Yahweh Maccaddeshem) - 너희를 거룩하게 하는 분
(출 31:13)

9) 여호와 살롬(Yahweh Shalom) - 여호와는 평강(삿 6:24)

10) 여호와 사바오트(Yahweh Sabbaoth) - 만군(군대들)의 여호와(삼상 1:3,
시 46:7,11)

11) 여호와 라아(Yahweh Raah) - 여호와는 나의 목자(시 23:1)

12) 여호와 치드케누(Yahweh Tsidkenu) - 여호와는 의로우심(렘 23:6, 33:16)

13) 여호와 엘 게몰라(Yahweh El Gemola) - 여호와는 보복의 하나님(렘 51:56)

14) 여호와 나케(Yahweh Nakeh) - 치시는 여호와(겔 7:9)

15) 여호와 삼마(Yahweh Shamma) - 여호와는 거기 계시다(겔 48:35)

16) 여호와 엘로힘(Yahweh Elohim) - 전능하신 하나님(삿 5:3, 사 117:6)

17) 아도나이(Adonai) - 주, 주인, 여호와대신 사용된 하나님의 이름(출 4:10-12,
수 7:8-11)

18) 엘로힘(Elohim) - 전능하신 하나님(복수형)(창 1:1,26-27)

19) 엘 엘리온(El Elyon) - 지극히 높으신 분(강력한 전능자)(창 14:18, 사 14:13-14)

20) 엘 올람(El Olam) - 영원하신 하나님(창 21:33, 사 40:28)

21) 예수(Yeshua) - 구원자(마 16:13-16)

22) 임마누엘(Emmanuel) - 우리와 함께 하심(사 8:8,10, 마 1:23)

23) 크리스토스(Christos) - 그리스도, 메시아, 기름 부은 자(마 16:13-16)

24) 퀴리오스(Kurios) - 나의 주인이신 하나님(눅 1:46, 행 2:36)

25) 소테르(Soter) - 구원자 하나님(눅 1:41, 2:11)

26) 데오스(Theos) - 유일하신 참 하나님(눅 1:47, 딛 2:13, 벧후 1:11)

열거한 하나님의 이름 중에서 마음에 와닿는 이름은 무엇입니까?
하나님의 이름을 배우면서 무엇을 알게 되었습니까?

....

....

일상의 열매를 거두며...

10 지금까지 하나님의 속성과 사역, 이름의 의미와 성도에게 주신 은사의 의미를 살펴 보았습니다.

우리가 하나님을 완전히 아는 것은 불가능하지만, 하나님이 성경을 통해 알려주신 만큼 배워야 합니다.

더 나아가 하나님을 닮아 가기 위해 노력해야 합니다.

● 하나님의 자녀로써 배우고 닮아가기 위해 도전해 볼 일은 무엇입니까?

● 하나님이 내게 주신 은사를 하나님과 공동체를 위해 어떻게 사용하겠습니까?

....

....

인생 비전 50리스트

하나님의 성품을 알게 되면 하나님과 친밀해 집니다.

나, 가족, 공동체를 알게 되면, 역시 하나님과 친밀해 집니다.

현재와 미래에 되고 싶은 나(가족. 공동체)의 가치와 생각을 자연스럽게 알게 되고, 주위에 도움과 협력할 수 있는 역할을 알 수 있습니다.

1. 내가 되고 싶은 것(직업, 사회적 역할)을 작성해 보세요.

2. 성장하고 싶은 것(취미, 품성)은 무엇이 있는지 작성해 보세요.

3. 지금 당장 소유하고 싶은 것, 미래에 소유 하고 싶은 것(물건, 환경)을 작성해 보세요.

4. 나의 삶에서 나누고 싶은 것(봉사, 후원, 사역)을 작성해 보세요.

5. 앞으로 나의 인생에서 꼭 가고 싶은 곳을 찾아 작성해 보세요.

예)

되고 싶은 것 (직업, 사회적 역할)	성장하고 싶은 것 (취미, 품성)	소유 하고 싶은 것 (물건, 환경)	나누고 싶은 것 (봉사, 후원)	가고 싶은 곳 (여행, 선교)
사람을 살리는 의사	경비행기 조종사	람보르기니 자동차	장애인 후원하기	히말라야 등반
사랑이 많은 교회 교사	통역자	나만의 별장	백혈병환자 후원	런던 시계탑
……	……	……	……	……

Tips.

1. 작성 전에 여유롭게 생각 할 시간을 미리 주고 기록하여 나눕니다.

2. 목록별로 10가지를 채우지 못하거나 넘길 수 있으며, 기록한 목록을 있는 그대로 나눕니다.

3. 기록한 것을 실행할 수 있는 방법을 함께 나누면 좋습니다.

4. 개인, 가족, 공동체가 함께 성취할 수 있는 목록을 기록하여 나누어도 좋습니다.

인생 비전 50리스트

되고 싶은 것 (직업, 사회적 역할)	성장하고 싶은 것 (취미, 품성)	소유 하고 싶은 것 (물건, 환경)	나누고 싶은 것 (봉사, 후원)	가고 싶은 곳 (여행, 선교)

＊memo

4과 아름다운 창조물 사람

---◦◦◦◦◦◦◦◦---

✚ 핵심구절

로마서 3장 23절

모든 사람이 죄를 범하였으매 하나님의 영광에 이르지 못하더니

요한계시록 3장 20절

볼지어다 내가 문 밖에 서서 두드리노니 누구든지 내 음성을 듣고 문을 열면
내가 그에게로 들어가 그와 더불어 먹고 그는 나와 더불어 먹으리라

✚ 이 과의 핵심 내용

● 하나님이 사람을 창조하신 목적을 알게 됩니다.
● 사람이 죄를 지어 하나님과 깨진 관계를 알게 됩니다.
● 하나님과 사람사이에 깨진 관계회복의 방법을 알게 됩니다.

마음의 문을 활짝 열며...

몇 년 전 공중파 방송에서 보도된 뉴스가 청소년 문제에 관심을 불러 일으켰습니다.

어머니가 시험성적이 기대만큼 오르지 않은 아들에게 '나가 죽어'라는 질책을 했습니다. 아들이 '나 같은 인생은 존재 가치가 없다'고 확신하고 나쁜 선택을 시도하려고 했었습니다. 나중에 알게 된 사실이 마음을 더욱 아프게 했습니다. 꾸중을 들은 아들은 지난 학기보다 향상된 성적을 받아 부모님이 크게 기뻐 할 것을 기대하고 있었던 것입니다.

2020년 여름, 근처 대학의 동료 교수는 자신의 제자가 SCI급 박사논문 완성을 고민 하다가 3일 동안 연구실에 나오지도 않고 행방불명된 당황스러운 경험을 했습니다. 며칠 뒤에 제자와 연락이 닿았는데, 교수는 '괜찮아, 나도 정말 어렵게 학위논문을 썼어. 조금 늦어도 괜찮아. 내가 도와줄테니 어서 연구실로 돌아 오렴'이라고 제자에게 문자를 보냈습니다. 제자는 연구실로 복귀했습니다. 논문이 더디 되었지만, 더 이상의 연구실 가출은 없었습니다.

분노감정을 담은 책망이 위험한 비수(칼)가 될 수도 있습니다.
공감을 담은 한 마디 격려가 따스한 햇살이 될 수도 있습니다.

● 내 인생에서 마음에 남는 격려는 무엇입니까?
● 내 인생에서 고마운 분으로 기억에 남는 분은 누구입니까?
● 그 분은 현재의 나에게 어떤 영향을 주었습니까?

　말 한마디에는 생명이 담겨 있습니다.
　하나님이 그 자신의 말로 세상과 생명이 담긴 사람을 창조하셨습니다.

하나님이 사람을 창조하신 목적

1 사람은 누구입니까?

요즘 사람들은 자기를 소개할 때 먼저 자신의 경력을 말합니다. 이것은 그 사람이 그동안 해온 일이 바로 자신을 나타내기 때문입니다.

우리 사회에서는 자신의 이력서가 사람을 소개하는데 중요한 도구가 됩니다.

어떤 사람을 제대로 알기 위해서 그 사람이 과거에 무엇을 했고, 현재 무엇을 하고 있는지를 아는 것이 필요합니다.

사람은 누가 만들었을까요? 그 첫 사람은 누구이며 어떻게 번성했을까요? 인류 첫 사람의 창조와 그에 관한 중요한 정보는 창세기에 기록하고 있습니다. 창세기의 기록을 보면 사람이 어떤 존재인지를 알 수 있습니다.

- 당신은 다른 사람들이나 공동체를 무엇으로 돕고 있습니까?
- 다른 사람들과 구별되는 나의 강점은 무엇입니까?

....
....

● 하나님의 강점은 사랑입니다.
● 내가 생각하는 하나님의 사랑은 어떤 사랑입니까?

_____

_____

2 하나님은 나(당신)를 사랑하시고, 나(당신)를 위한 크고 놀라운 계획을 가지고 계십니다.

자연계에 자연의 원리가 있듯이, 하나님과 사람 사이에도 영적인 원리가 있습니다.

● 하나님의 사랑은 무엇입니까?

요한복음 3장 16절
하나님이 세상을 이처럼 사랑하사 독생자(예수 그리스도)를 주셨으니 이는 저를 믿는자마다 멸망치 않고 영생을 얻게 하려 하심이라

● 하나님의 계획은 무엇입니까?

요한복음 10장 10절
예수 그리스도께서 말씀하시기를 내가 온 것은 양(당신)으로 생명을 얻게 하고 더 풍성히 얻게 하려는 것이라

● 안타깝게도 많은 사람들이 하나님이 주신 소중한 삶을 누리지 못하고 있습니다.
왜 그럴까요?

_____

_____

3
사람은 자신의 크고 작은 죄에 빠져 하나님으로부터 떠나 있습니다. 그 결과로 하나님의 사랑과 계획을 알 수 없고 그것을 경험 할 수 없습니다.

모든 사람은 죄에 빠져 하나님과 관계가 끊어졌습니다.

로마서 3장 23절
모든 사람이 죄를 범하였으매 하나님의 영광에 이르지 못하더니

하나님은 사람을 자신과 교제하며 살도록 창조했습니다. 그러나 사람이 자기 마음대로 살려고 했기 때문에 하나님과 친밀한 관계가 깨졌습니다. 자기 마음대로 사는 사람은 하나님에게 반항하게 되며, 무관심하게 됩니다. 이것이 성경이 밀하는 죄의 증기입니다.

4
죄에 빠진 사람은 하나님으로부터 떠나 있습니다.

창세기 2장 16-17절
16 여호와 하나님이 그 사람에게 명하여 이르시되 동산 각종 나무의 열매는 네가 임으로 먹되 17 선악을 알게 하는 나무의 열매는 먹지 말라 네가 먹는 날에는 반드시 죽으리라 하시니라

창세기 3장 5-6절
5 너희가 그것을 먹는 날에는 너희 눈이 밝아져 하나님과 같이 되어 선악을 알 줄 하나님이 아심이니라 6 여자가 그 나무를 본즉 먹음직도 하고 보암직도 하고 지혜롭게 할 만큼 탐스럽기도 한 나무인지라 여자가 그 열매를 따먹고 자기와 함께 있는 남편에게도 주매 그도 먹은지라

성경에서 말하는 죄는 행위나 상태에 있어서 하나님의 성품과 일치하지 않는 것이며 육에 속한 옛 성품을 의미합니다. 성경에서 말하는 죄는 행위의 죄(율법과 계명을 어기는 것), 상태의 죄(공의 없는 인간의 타락한 상태), 본질의 죄(하나님과 불화한 타락한 인간의 본질)를 포함합니다. 이러한 죄는 사탄으로부터 왔으며 아담의 불순종으로 세상에 들어온 것입니다.

죄에 해당하는 히브리어 단어는 '하타', '아원', '페샤' 등인데, '하타'가 가장 많이 사용됩니다. 그 의미는 하나님의 기준에 '미달됨'을 의미합니다. '아원'은 종종 '불법'(iniquity) 또는 '유죄, 죄, 범죄'(guilt)로 번역되는데 그 의미는 하나님의 기준을 왜곡하거나 탈선하는 것을 의미합니다.

Tip.

신약에서 죄의 개념을 표현하는 헬라어는 '아디키아'와 '하마르티아' 입니다. '아디키아'는 '행악, 불의, 불법'을 뜻합니다. '아디키아'의 죄는 하나님의 기준을 위반함으로써 다른 사람들에게 해를 끼치는 의도적인 인간의 선택들을 말합니다. '하마르티아'는 '표적을 맞히지 못함'을 뜻하며 인간의 행위가 아니라 인간의 본성에 초점을 맞추고 있는 단어입니다.

5 죄의 결과는 사망입니다. 여기서 사망은 영적으로 하나님으로부터 떠나 있는 상태를 말합니다.

로마서 6장 23절
죄의 삯은 사망이요 하나님의 은사는 그리스도 예수 우리 주 안에 있는 영생이니라 하나님과 사람 사이에 죄 때문에 큰 틈이 생겼습니다. 사람들은 철학, 선행, 종교 등의 자기 힘으로 하나님과 관계를 회복하여 소중한 삶을 누려보려고 인간적인 노력을 하고 있습니다.

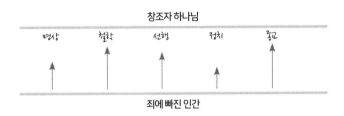

● 이 틈을 이어주는 하나님의 방법은 무엇일까요?
하나님은 자신이 창조하신 사람을 사랑하시지만, 사람이 가지고 있는 죄는 반드시 심판하셔야 하며 이것이 하나님의 의로운 성품입니다.
하나님은 사람을 사랑하시지만, 사람의 죄를 벌하셔야 하는 모순 되는 문제를 해결하셨습니다.

6 하나님이 보내신 예수 그리스도가 사람의 죄를 해결 할 수 있는 하나님의 유일한 방법입니다. 사람은 예수 그리스도를 통하여 하나님의 사랑과 계획을 알게 되며, 경험하게 됩니다.

예수 그리스도는 나의 죄를 대신해서 죽으셨습니다.

로마서 5장 8절
우리가 아직 죄인 되었을 때에 그리스도께서 우리를 위하여 죽으심으로 하나님께서 우리에 대한 자기의 사랑을 확증하셨느니라

예수 그리스도는 죽음에서 살아 나셨습니다.

고린도전서 15장 3-6절

³ 내가 받은 것을 먼저 너희에게 전하였노니 이는 성경대로 그리스도께서 우리 죄를 위하여 죽으시고 ⁴ 장사 지낸 바 되셨다가 성경대로 사흘 만에 다시 살아나사 ⁵ 게바에게 보이시고 후에 열두 제자에게와 ⁶ 그 후에 오백여 형제에게 일시에 보이셨나니 그 중에 지금까지 대다수는 살아 있고 어떤 사람은 잠들었으며

예수 그리스도가 하나님에게 이르는 구원의 유일한 통로입니다.

요한복음 14장 6절

예수께서 이르시되 내가 곧 길이요 진리요 생명이니 나로 말미암지 않고는 아버지께로 올 자가 없느니라

하나님은 그의 외아들 예수 그리스도를 이 세상에 보내어 우리를 대신하여 십자가에 죽게 하심으로 우리 모두의 죄의 값을 대신 담당케 하셨습니다. 그리고 하나님과 우리 사이를 이어주는 통로가 되게 하셨습니다.

---

7 우리는 예수 그리스도를 나의 구원자로 받아 들이고 믿어야 합니다. 그러면 나에 대한 하나님의 사랑과 소중한 계획을 알게 되고, 경험하게 됩니다.

우리는 각자가 예수 그리스도를 구원자로 받아들여야 합니다.

요한복음 1장 12절
영접하는 자 곧 그 이름을 믿는 자들에게는 하나님의 자녀가 되는 권세를 주셨으니
우리는 의지의 행위인 믿음으로 예수 그리스도를 구원자로 받아들입니다.

에베소서 2장 8-9절
[8] 너희는 그 은혜에 의하여 믿음으로 말미암아 구원을 받았으니 이것은 너희에게서
난 것이 아니요 하나님의 선물이라 [9] 행위에서 난 것이 아니니 이는 누구든지
자랑하지 못하게 함이라

....

....

8 사람은 각자의 초청으로 예수 그리스도를 받아들입니다.

사람은 각자가 예수 그리스도를 구원자로 받아들여야 합니다.

요한계시록 3장 20절
볼지어다 내가 문 밖에 서서 두드리노니 누구든지 내 음성을 듣고 문을 열면 내가
그에게로 들어가 그와 더불어 먹고 그는 나와 더불어 먹으리라

예수 그리스도를 받아들인다는 뜻은 무엇일까요?
나 중심의 인생관에서 하나님 중심 인생관으로 삶의 기준을 변화하는
것입니다. 예수 그리스도가 내 안에 들어오셔서, 그분이 원하는 사람이
되도록 나를 맡기는 것입니다.

....

....

9 세상에는 두 종류의 사람이 있습니다.

내가 내 인생의 주인이 된 사람

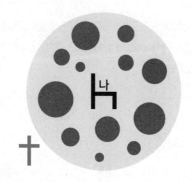

내가 내 인생의 중심에 있고, 예수 그리스도는 내 인생의 밖에 계십니다.
모든 일을 나 자신이 계획하므로 자주 절망과 혼란에 빠집니다.

예수 그리스도가 내 인생의 주인이 된 사람

예수 그리스도가 내 인생의 중심에 있고, 내 인생의 크고 작은 일을 그
리스도께 맡겼습니다.
모든 일을 예수 그리스도께서 계획하셔서 하나님의 뜻과 일치된 생활을
하게 됩니다.

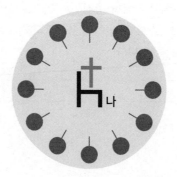

● 어느 그림이 지금 나의 삶을 잘 나타내고 있습니까?
● 나는 어떤 사람이 되기를 원하십니까?

....

....

10 예수 그리스를 받아들이는 방법을 소개합니다.

나는 지금 기도로 예수 그리스도를 받아 들일 수 있습니다

기도는 내가 마음으로 하나님과 소통하는 것입니다.
예수 그리스도께서 나의 마음에 들어오시도록 말 하십시오. 하나님은 나의 중심을 알고 계십니다. 입으로 하는 말 보다는 마음의 태도를 보고 싶어 하십니다.

이렇게 기도해 보시겠습니까?

"구원자 예수님, 나는 주님을 받아들이고 믿고 싶습니다.
십자가에서 죽으심으로 내 죄 값을 대신 담당해주셔서 감사합니다.
지금 내 마음의 문을 열고 예수님을 나의 구원자로 받아 들입니다.
나의 모든 죄를 용서하시고 영원한 생명을 주심을 믿고 감사합니다.
나의 인생을 이끌어 주시고, 주님이 원하시는 사람이 되게해 주소서.
예수님의 이름으로 기도합니다. 아멘"

이 기도가 당신의 마음에 드시는지요?
지금 이 기도를 하시거나, 조용한 시간에 기도를 할 수 있습니다.
그러면 예수 그리스도가 마음에 들어오실 것입니다.

....

....

11 예수 그리스도를 마음에 받아 들이셨습니까?

● 요한계시록 3장 20절 하나님 말씀의 약속에 의하면, 지금 예수 그리스도는 어느 곳에 계십니까?(8번 참고)

예수 그리스도는 당신 안에 들어오시겠다고 약속하셨습니다.

● 어떤 근거로 하나님이 기도를 들으셨다는 사실을 알 수 있을까요?
하나님은 성경에서 말씀하신 자신의 약속을 반드시 지키십니다.

....

....

12 성경은 예수 그리스를 받아들이는 모든 사람들에게 영원한 생명을 약속하고 있습니다.

요한일서 5장 11-13절
¹¹ 또 증거는 이것이니 하나님이 우리에게 영생을 주신 것과 이 생명이 그의 아들 안에 있는 그것이니라 ¹² 아들이 있는 자에게는 생명이 있고 하나님의 아들이 없는 자에게는 생명이 없느니라 ¹³ 내가 하나님의 아들의 이름을 믿는 너희에게 이것을 쓰는 것은 너희로 하여금 너희에게 영생이 있음을 알게 하려 함이라"

히브리서 13장 5절
그가 친히 말씀하시기를 내가 결코 너희를 버리지 아니하고 너희를 떠나지 아니하리라 하셨느니라 예수 그리스도께서 당신 안에 들어오셔서 영원히 떠나지 아니하심을 감사하십시오(히브리서 13:5).
받아들인 순간부터 당신은 영원한 생명을 얻었음을 기억하십시오.
인간적인 감정에만 의존하지 마십시오.
나의 믿음은 하나님의 말씀 곧 성경에 근거하는 것이지 나 자신의 느낌이나 감정에 근거하는 것이 아닙니다.
그리스도인은 하나님과 그의 말씀을 믿는 믿음으로 사는 것입니다.

---

13 믿음으로 예수 그리스도를 받아들이면, 다음과 같은 일들이 일어 납니다.

예수 그리스도가 내 인생 안에 들어와 함께 살게 됩니다(요한계시록 3:20).
나의 크고 작은 모든 죄를 용서 받았습니다(골로새서 1:14).
나는 하나님의 소중한 자녀가 됩니다(요한복음 1:12).
나는 영원한 생명을 얻어 천국에 갈 것입니다(요한복음 5:24).

예수 그리스도를 구원자로 영접한 순간부터 하나님이 예비하신 소중하고 새로운 삶이 시작되었습니다.
내 인생에서 예수 그리스도를 받아 들인 것은 정말 놀라운 일입니다.
얼마나 감사한 일입니까!

데살로니가전서 5장 18절
범사에 감사하라 이것이 그리스도 예수 안에서 너희를 향하신 하나님의 뜻이니라

14 그리스도인이 되어 구원받은 하나님의 소중한 인생을 살기 위해서는 다음과 같은 방법이 큰 도움이 될 것입니다.

매일 하나님과 영적 소통의 시간인 기도를 하십시오(요한복음 15:7).

성경을 날마다 읽으십시오(사도행전 17:11).

말과 행동으로 그리스도를 전해보십시오(요한복음 15:8).

모든 일을 하나님에게 맡기십시오(베드로전서 5:7).

15 교회를 선택하고, 출석하는 일은 매우 중요합니다.

히브리서 10장 25절
모이기를 폐하는 어떤 사람들의 습관과 같이 하지 말고 오직 권하여 그 날이 가까움을 볼수록 더욱 그리하자

성경은 모이는 일을 게을리 하지 말라고 말씀하고 있습니다. 장작불에 여러 개의 나무 토막을 넣으면 불이 잘 타지만 따로 떼어 놓으면 곧 꺼집니다.
당신과 다른 그리스도인과 관계도 그렇습니다. 예수 그리스도를 잘 배우고, 그가 원하시는 삶을 살며, 다른 그리스도인과 교제를 갖기 위해서는 교회 생활을 해야합니다.
예수 그리스도를 영화롭게 하고 하나님의 말씀을 올바로 전하는 교회에 출석하셔서 목회자와 영적 리더십의 인도를 받으십시오.

● 내가 교회 가족으로써 우리 교회와 성도를 위해 섬길 수 있는 사역(일)은 무엇입니까?

....

....

나는 이런 사람이야

---

1. 책임감이 강한 사람	2. 쾌활하고 명랑한 사람	3. 깨끗하고 단정한 사람	4. 상상력이 풍부한 사람
5. 정직하고 성실한 사람	6. 유머와 여유가 있는 사람	7. 자주적이고 지혜로운 사람	8. 남을 사랑할 수 있는 사람
9. 사리를 분별할 수 있는 사람		10. 능력 있고 쓸모 있는 사람
11. 마음이 넓고 숨김이 없는 사람		12. 순종적이고 예의 바른 사람
13. 남의 잘못을 용서할 수 있는 사람		14. 남을 도와주려고 애쓰는 사람
15. 자신을 스스로 다스릴 수 있는 사람		16. 의지가 굳고 추진력이 강한 사람
17. 커다란 꿈과 희망을 가지고 열심히 일하는 사람		18. 자신이 믿는 바를 믿고 나가는 용기를 가진 사람

＊ 앞에서 제시된 자료 중에서 현재의 나와 가장 맞는 목록 3가지를 선택하여 기록해 보
세요(위에 적절한 목록이 없다면, 내가 생각하는 항목을 추가하여 기록하셔도 됩니다).

● 첫째: ....
　　선택한 이유 ....

● 둘째: ....
　　선택한 이유 ....

● 셋째: ....
　　선택한 이유 ....

＊ 나의 새로운 각오 〈더 나은 내가 되고 싶은 나〉
　　선택한 3가지 목록 중에서 1개를 선택하여 가장 되고 싶은 나를 만들어 봅니다.

Tips.

하나님의 창조물로서 '나'에게 주신 고유한 기질, 성품을 살펴보면서 내가 소유한 기질과 성품의 귀함을 알 수
있습니다. 모든 사람은 하나님이 창조하신 존귀한 창조물로서 사람의 자존감(Self-esteem)을 알게 됩니다.

나는 이런 사람이야

첫째:

선택한 이유

둘째:

선택한 이유

셋째:

선택한 이유

더 나은 내가 되고 싶은 나

＊memo

5과 예수님은 누구신가

———— ❦ ————

✚ 핵심구절

요한복음 3장 16절

태초에 하나님이 천지를 창조하시니라

마태복음 16장 16절

시몬 베드로가 대답하여 이르되 주는 그리스도시요 살아 계신 하나님의
아들이시니이다

✚ 이 과의 핵심 내용

● 예수님이 어떤 분인지를 이해하게 됩니다.
● 예수님이 어떤 일을 하셨는지를 알게 됩니다.
● 예수님은 지금 무엇을 하고 계신지를 알게 됩니다.

마음의 문을 활짝 열며...

● 내 인생에서 닮고 싶고 존경하는 사람은 누구입니까?
● 그 이유를 함께 나누어 주시겠습니까?
● 나는 내 가족에게(자녀에게, 부모에게, 남편에게, 아내에게) 어떤 사람이 되고 싶습니까?

_____

_____

● 당신이 경험한 예수님은 어떤 분입니까?

_____

_____

말씀의 씨앗을 뿌리며...

예수님은 어떤 분입니까?

1 지금까지 당신은 예수님을 어떤 분이라고 생각하셨습니까?

사람을 만나 소개를 받을 때, 주변 사항들을 함께 소개받습니다.
그 사람과 대화를 하면서 생각, 성품, 인생목표를 알게 되고 가까운 사람을 통해서도 그 사람에 관해 여러 가지를 알게 됩니다.
예수님을 소개 하거나 소개 받을 때도 그렇습니다.

● 당신은 예수님을 어떤 분이라고 생각하셨습니까?

예수님에 대한 생각이 사람마다 다를 수 있습니다.
소개받는 사람을 더 알기 위해서는 당사자의 이야기나 가까운 사람들의 이야기를 들어보아야 합니다.

예수님은 자신을 '이 성경이 곧 내게 대하여 증거하는 것이로다'(요 5:39) 라고 소개합니다.

요한복음 5장 39절
너희가 성경에서 영생을 얻는 줄 생각하고 성경을 연구하거니와 이 성경이 곧 내게 대하여 증언하는 것이니라

....

....

2 예수님의 국적, 출생지 및 성장지를 알아 봅시다.

마태복음 2장 1절, 23절

¹ 헤롯 왕 때에 예수께서 유대 베들레헴에서 나시매 동방으로부터 박사들이 예루살렘에 이르러 말하되... ²³ 나사렛이란 동네에 가서 사니 이는 선지자로 하신 말씀에 나사렛 사람이라 칭하리라 하심을 이루려 함이러라

● 예수님의 어린 시절 성장은 어떠했습니까?

누가복음 2장 52절

예수는 지혜와 키가 자라가며 하나님과 사람에게 더욱 사랑스러워 가시더라

● 예수님의 일상의 삶은 어떠했습니까?

마태복음 4장 2절

사십 일을 밤낮으로 금식하신 후에 주리신지라

요한복음 4장 6절

거기 또 야곱의 우물이 있더라 예수께서 길 가시다가 피곤하여 우물 곁에 그대로 앉으시니 때가 여섯 시쯤 되었더라

요한복음 11장 35절

예수께서 눈물을 흘리시더라

● 이와 같은 예수님의 모습에서 알 수 있는 사실은 무엇일까요?(질문 14의 1) 참고)

....

....

히브리서 4장 15절
우리에게 있는 대제사장은 우리의 연약함을 동정하지 못하실 이가 아니요 모든 일에
우리와 똑같이 시험을 받으신 이로되 죄는 없으시니라

● 예수님은 어떤 면에서 사람과 같을까요?
● 예수님은 어떤 면에서 사람과 다를까요?

....

....

3 예수님은 스스로를 어떻게 소개하고 있습니까?

요한복음 10장 30절
나와 아버지는 하나이니라 하신대

....

....

4 예수님이 자신을 소개하는 내용을 보면 건방진 표현으로 보일 수도 있습니다.

이와 같은 발언을 다른 곳에서도 찾아 볼 수 있습니다.

요한복음 5장 23절
이는 모든 사람으로 아버지를 공경하는 것 같이 아들을 공경하게 하려 하심이라
아들을 공경하지 아니하는 자는 그를 보내신 아버지도 공경하지 아니하느니라

요한복음 14장 9절

예수께서 이르시되 빌립아 내가 이렇게 오래 너희와 함께 있으되 네가 나를 알지
못하느냐 나를 본 자는 아버지를 보았거늘 어찌하여 아버지를 보이라 하느냐

예수님은 자신이 '하나님과 동일한 분'이고, 자기를 본 사람은 '아버지(하
나님)를 본 것과 같다'고 말하고 있습니다.

5 오랫동안 예수님과 동행했던 사람들의 이야기도 중요합니다. 예수님을 가까이서 본 사람들은 예수님을 누구로 생각했습니까?

마태복음 27장 54절

백부장과 및 함께 예수를 지키던 자들이 지진과 그 일어난 일들을 보고 심히
두려워하여 이르되 이는 진실로 하나님의 아들이었도다 하더라

요한복음 20장 28절

도마가 대답하여 이르되 나의 주님이시요 나의 하나님이시니이다

● 이와같이 예수 곁에 있던 사람들의 공통적인 의견은 무엇일까요?〈질문
14의 1) 참고〉

예수님은 어떤 일을 했습니까?(이력서)

6 사람들은 자기를 소개할 때 자신이 쌓아온 인생 경력을 말합니다.

이것은 자신이 그동안 해 온 모든 일이 바로 자신를 나타낸다고 생각하기 때문에 이력서가 자신을 소개하는데 중요한 수단이 됩니다. 당신은 예수님이 어떤 일을 했고 지금 무엇을 하고 있는지에 대해서, 즉 예수님의 이력서를 살펴볼 필요가 있습니다.

● 지금까지 당신은 예수님이 어떤 일을 한 분으로 생각하셨습니까?

예수님은 자신에 대한 글을 스스로 남기지 않았습니다.
예수님의 행적을 알기 위해서는 그의 제자들의 기록을 참고하는 것이 정확합니다.
그들이 예수님의 행하신 일을 다 기록하지는 않았지만(요한복음 21:25), 꼭 필요한 내용은 제자인 마태, 마가, 누가, 요한이 쓴 복음서에 남겼습니다. 이제 그들의 기록을 살펴 보면서 예수님이 어떤 일을 했는지를 알아봅시다.

요한복음 21장 25절
예수의 행하신 일이 이외에도 많으니 만일 낱낱이 기록된다면 이 세상이라도 이 기록된 책을 두기에 부족할줄 아노라

....

....

7 세례요한이 예수님에게 메시아인지 확인하는 질문을 했을 때 예수는 자기가 하고 있는 일들을 어떻게 설명했습니까?

당시 사람들은 오실 메시야는 이사야 61:1-2절에 있는 일을 행하는

분이라고 믿고 있었습니다.

이사야 61장 1-2절
¹ 주 여호와의 영이 내게 내리셨으니 이는 여호와께서 내게 기름을 부으사 가난한
자에게 아름다운 소식을 전하게 하려 하심이라 나를 보내사 마음이 상한 자를 고치며
포로된 자에게 자유를, 갇힌 자에게 놓임을 선포하며 ² 여호와의 은혜의 해와 우리
하나님의 보복의 날을 선포하여 모든 슬픈 자를 위로하되

마태복음 11장 2절- 6절
² 요한이 옥에서 그리스도께서 하신 일을 듣고 제자들을 보내어 ³ 예수께 여짜오되
오실 그이가 당신이오니이까 우리가 다른 이를 기다리오리이까 ⁴ 예수께서 대답하여
이르시되 너희가 가서 듣고 보는 것을 요한에게 알리되 ⁵ 맹인이 보며 못 걷는 사람이
걸으며 나병환자가 깨끗함을 받으며 못 듣는 자가 들으며 죽은 자가 살아나며 가난한
자에게 복음이 전파된다 하라 ⁶ 누구든지 나로 말미암아 실족하지 아니하는 자는
복이 있도다 하시니라

8 예수님의 제자였던 마태는 예수님의 사역을 어떻게 말하고 있
습니까?

마태복음 4장 23절
예수께서 온 갈릴리에 두루 다니사 그들의 회당에서 가르치시며 천국 복음을
전파하시며 백성 중의 모든 병과 모든 약한 것을 고치시니

● 예수님은 공생애 기간을 어떤 사람들과 지냈습니까?

마가복음 2장 15절
그의 집에 앉아 잡수실 때에 많은 세리와 죄인들이 예수와 그의 제자들과 함께
앉았으니 이는 그러한 사람들이 많이 있어서 예수를 따름이러라

● 예수님은 어떤 삶을 사셨습니까?(질문 14의 2) 참고)
....

마가복음 10장 45절
인자가 온 것은 섬김을 받으려 함이 아니라 도리어 섬기려 하고 자기 목숨을 많은
사람의 대속물로 주려 함이니라

● 예수님은 어떠한 죽음을 맞이 했습니까?

마가복음 15장 15절, 25절
15 빌라도가 무리에게 만족을 주고자 하여 바라바는 놓아 주고 예수는 채찍질하고
십자가에 못 박히게 넘겨 주니라...25 때가 제삼시가 되어 십자가에 못 박으니라
....

9 예수님이 십자가에서 피 흘려 죽으심으로 사람들의 모든 죄
   문제를 해결해 주셨습니다(에베소서 1장 7절).

● 이 죄에 당신의 죄도 포함된다고 생각하십니까?
● 그 외에 예수님 십자가의 피로 이 세상에 어떤 혜택이 베풀어졌습니까?
....

에베소서 1장 7절
우리는 그리스도 안에서 그의 은혜의 풍성함을 따라 그의 피로 말미암아 속량 곧 죄
사함을 받았느니라

에베소서 2장 13절-14절

13 이제는 전에 멀리 있던 너희가 그리스도 예수 안에서 그리스도의 피로
가까워졌느니라 14 그는 우리의 화평이신지라 둘로 하나를 만드사 원수 된 것 곧
중간에 막힌 담을 자기 육체로 허시고

골로새서 1장 20절

그의 십자가의 피로 화평을 이루사 만물 곧 땅에 있는 것들이나 하늘에 있는 것들이
그로 말미암아 자기와 화목하게 되기를 기뻐하심이라

....

....

예수님은 지금 무엇을 하고 있습니까?

10 우리와 만났던 사람들이 떠나가면 그 사람에 대한 기억을 갖
게 됩니다.
그러나 우리의 기억 속에는 남아 있을지라도 실제적인 영향은 주지
못합니다.

지금까지 놀라운 사랑과 고귀한 희생의 삶을 사신 예수님의 생애와 죽
음에 대해서 알게 되었습니다.
예수님이 십자가에서 죽음으로 그의 생애가 끝나버렸다면 그는 위대한
인물로만 기억되었을 것입니다.
성경은 예수님이 죽었다가 다시 살아났고, 지금 살아서 우리에게 역사
하신다고 합니다.

● 이 사실에 대해서 당신은 어떻게 생각하십니까?

예수님의 생애와 죽음에 대해서 알고 그를 높이 평가하는 사람들이 있

지만, 예수님의 부활을 모른다면 온전히 알고 평가하는 것은 아닙니다. 예수님의 부활은 본인이 살아 있을 때 예언한 것이고, 그의 제자들이 순교하면서까지 증거한 것이기 때문입니다.

....

....

11 예수님은 자신이 죽은 후에 어떤 일이 일어날 것이라고 말했습니까?

마태복음 16장 21절

이 때로부터 예수 그리스도께서 자기가 예루살렘에 올라가 장로들과 대제사장들과 서기관들에게 많은 고난을 받고 죽임을 당하고 제삼일에 살아나야 할 것을 제자들에게 비로소 나타내시니

● 성경은 예수님이 자신이 예언했던 대로 다시 살아났다고 말합니다. 부활한 예수님을 어떤 사람들이 보았습니까?

고린도전서 15장 3-8절

3 내가 받은 것을 먼저 너희에게 전하였노니 이는 성경대로 그리스도께서 우리 죄를 위하여 죽으시고 4 장사 지낸 바 되셨다가 성경대로 사흘 만에 다시 살아나사 5 게바에게 보이시고 후에 열두 제자에게와 6 그 후에 오백여 형제에게 일시에 보이셨나니 그 중에 지금까지 대다수는 살아 있고 어떤 사람은 잠들었으며 7 그 후에 야고보에게 보이셨으며 그 후에 모든 사도에게와 8 맨 나중에 만삭되지 못하여 난 자 같은 내게도 보이셨느니라

12 예수님은 부활 후 어디로 갔습니까?

사도행전 1장 9절- 11절
⁹ 이 말씀을 마치시고 그들이 보는데 올려져 가시니 구름이 그를 가리어 보이지 않게 하더라 ¹⁰ 올라가실 때에 제자들이 자세히 하늘을 쳐다보고 있는데 흰 옷 입은 두 사람이 그들 곁에 서서 ¹¹ 이르되 갈릴리 사람들아 어찌하여 서서 하늘을 쳐다보느냐 너희 가운데서 하늘로 올려지신 이 예수는 하늘로 가심을 본 그대로 오시리라 하였느니라

● 예수님은 지금 어디에서 무엇을 하고 계십니까?

에베소서 1장 20-23절
²⁰ 그의 능력이 그리스도 안에서 역사하사 죽은 자들 가운데서 다시 살리시고 하늘에서 자기(하나님)의 오른편에 앉히사 ²¹ 모든 통치와 권세와 능력과 주권과 이 세상뿐 아니라 오는 세상에 일컫는 모든 이름 위에 뛰어나게 하시고 ²² 또 만물을 그의 발 아래에 복종하게 하시고 그를 만물 위에 교회의 머리로 삼으셨느니라 ²³ 교회는 그의 몸이니 만물 안에서 만물을 충만하게 하시는 이의 충만함이니라

● 예수님은 현재 어떤 위치에 있습니까?(20절)
● 예수님은 현재 어떤 것들 보다 뛰어 나십니까?(21절)
● 하나님의 오른편에 앉으신 예수님에게 주어진 두 가지 결과는 무엇 입니까?(22절) 〈질문 14의 3〉 참고)

....
....

● 예수님이 다시 살아나시고 하늘에 올라가신 후 제자들이 예수님에 대해 가장 강조했던 것은 무엇입니까?

사도행전 2장 32절, 4장 33절

2:32 이 예수를 하나님이 살리신지라 우리가 다 이 일에 증인이로다...

4:33 사도들이 큰 권능으로 주 예수의 부활을 증언하니 무리가 큰 은혜를 받아

13 예수님의 부활을 믿는 신앙은 우리의 일상 생활에 어떤 영향을 줄 수 있습니까?

로마서 6장 4- 5절

4 그러므로 우리가 그의 죽으심과 합하여 세례를 받음으로 그와 함께 장사되었나니
이는 아버지의 영광으로 말미암아 그리스도를 죽은 자 가운데서 살리심과 같이
우리로 또한 새 생명 가운데서 행하게 하려 함이라 5 만일 우리가 그의 죽으심과 같은
모양으로 연합한 자가 되었으면 또한 그의 부활과 같은 모양으로 연합한 자도 되리라

● 예수님의 부활이 역사적인 사실이 아니라면, 지금 예수님을 믿는 사람들에게 어떤 문제가 생깁니까?

고린도전서 15장 14절

그리스도께서 만일 다시 살아나지 못하셨으면 우리가 전파하는 것도 헛것이요 또
너희 믿음도 헛것이며

일상의 열매를 거두며...

14 지금까지 예수님이 누구이신지를 알게 되었습니다.

1) 예수님은 참 사람이시고 참 하나님이십니다.
2) 예수님은 가르치고 전파하고 치유하시고, 십자가에서 인간의 죄를 위해 대신 죽으시고 십자가에서 부활하셨습니다.
3) 예수님은 하나님의 오른쪽 보좌에 앉아계셔서 그의 자녀를 위해 중보하시며, 우주와 인간의 모든 역사를 통치하십니다.

● 지금까지 배운 예수님의 부활에 대해서 어떻게 생각하십니까?
● 오늘 알게 된 예수님의 부활을 관심 있는 분들에게 전해보시면 어떠실까요?

나의 인생 그래프

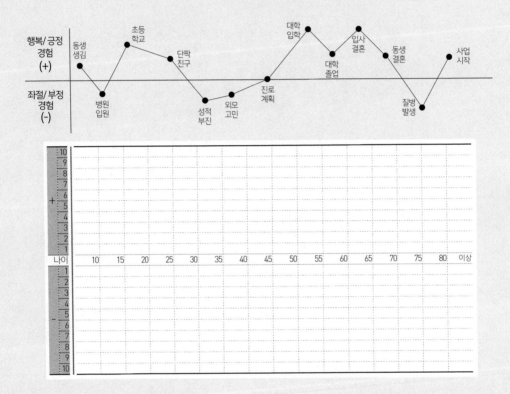

Tips. 나의 인생 그래프 작성하는 법

1. 구원을 받은 시점(또는 어렸을 때부터 현재까지)을 기준으로 주요 사건을 인생 그래프로 만들어 보세요.

2. +영역 1~10은 '기쁨'을 느꼈던 중요한 사건을, -영역 1~10은 '어려움'을 느꼈던 중요한 사건을 나이별로 기록합니다.

3. 위쪽(+)은 행복함, 풍성함, 성취감 등을 느낀 인생의 사건을 기록하고 그에 해당하는 정도를 수치로 기록합니다.

4. 아래쪽(-)은 어려움, 빈곤함, 실패감 등을 느낀 인생의 사건을 기록하고 그에 해당하는 정도를 수치로 기록합니다.

5. 개인을 가족, 공동체의 역사로 확장해서 기록하고 나누어도 좋습니다.

6. 나의 인생그래프는 '지금의 나'를 알수 있는 자기 개방을 통해 '소중한 나(가정, 공동체)'를 알게 해주는 심리측정도구 입니다.

나의 인생 그래프

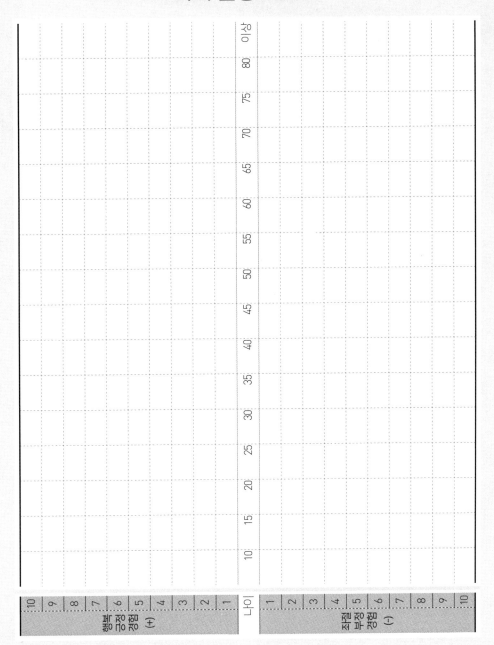

10															
9															
8															
7															
6															
5															
4															
3															
2															
1															

행복
긍정
경험
(+)

나이

| | 10 | 15 | 20 | 25 | 30 | 35 | 40 | 45 | 50 | 55 | 60 | 65 | 70 | 75 | 80 | 이상 |

좌절
부정
경험
(-)

1															
2															
3															
4															
5															
6															
7															
8															
9															
10															

인생 7질문

소중한 7가지 인생 질문에 대해 생각해 보고 함께 나누어 봅시다.

> ① 내가 가장 소중하게 생각하는 것은 무엇입니까?
> ② 나는 미래에 어떤 소중한 성공을 이루고 싶습니까?
> ③ 나에게 보람 있게 산다는 것은 어떤 의미입니까?
> ④ 나에게 지난 1년 동안 가장 성공적이었다고 생각되는 일(사건)은 무엇입니까?
> ⑤ 내가 앞으로 10년 이내에 맞이할 가장 큰 일(사건)은 무엇일까요?
> ⑥ 나는 가족들에게 어떤 사람으로 인정 받고 싶습니까?
> ⑦ 지금까지 내 인생의 일대기를 영화로 제작한다면 제목은 무엇으로 정하겠습니까?

소중한 7가지 인생 질문에 대해 생각해 보고 함께 나누어 봅시다.

① \
② \
③ \
④ \
⑤ \
⑥ \
⑦

Tips.

1. 하나님의 완전 수 '7'을 의미하는 7가지 질문을 통해 교회(개인, 가정)가 추구하는 목표를 생각해 볼 수 있습니다.

2. '나' 대신에 '가족', '교회', '소그룹'으로 적용 하여도 됩니다.

3. 공동체(개인, 가족)가 추구하는 소중한 가치를 알 수 있습니다.

4. '현재의 나'와 '미래의 나'를 자기 개방하며, 마음의 소통을 할 수 있는 질문 도구 입니다.

인생 7질문

소중한 7가지 인생 질문에 대해 생각해 보고 함께 나누어 봅시다.

①

②

③

④

⑤

⑥

⑦

＊memo

6과 구원의 확신

—— ❊ ——

✚ 핵심구절

요한복음 5장 24절

내가 진실로 진실로 너희에게 이르노니 내 말을 듣고 또 나 보내신 이를 믿는
자는 영생을 얻었고 심판에 이르지 아니하나니 사망에서 생명으로 옮겼느니라

요한일서 5장 13절

내가 하나님의 아들의 이름을 믿는 너희에게 이것을 쓰는 것은 너희로 하여금
너희에게 영생이 있음을 알게 하려 함이라

✚ 이 과의 핵심 내용

- 구원의 성경적 의미를 알게 됩니다.
- 구원의 확신이 있는지를 점검하고, 확신을 갖도록 도와줍니다.
- 믿음의 지, 정, 의 세 측면을 살펴보며 구원의 확신을 견고히 하도록 도와줍니다.

마음의 문을 활짝 열며...

● 지금까지 내가 받은 선물 중에서 마음에 남는 선물은 무엇입니까?

● 누군가에게 준 선물 중에서 마음에 남는 선물은 무엇입니까?

● 그 이유를 함께 나누어 주시겠습니까?

● 내가 경험한 구원의 감격을 나누어주십시오.

● 구원이란 무엇이라고 생각하십니까? 당신의 생각을 나누어주십시오.

말씀의 씨앗을 뿌리며...

구원을 위한 하나님의 계획

1 죽음에는 세 가지 종류가 있습니다.

첫째, 영적인 죽음입니다. 하나님과 친밀한 관계가 끊어진 상태입니다.
둘째, 육적인 죽음입니다. 몸과 영혼이 분리되는 상태입니다.
셋째. 영원한 죽음입니다. 하나님과 관계 회복이 불가능한 상태입니다.

이 중에서 세 번째 영원한 죽음은 회복의 기회가 다시는 없습니다.
성경은 영원한 죽음의 문제를 해결하는 하나님의 방법이 예수 그리스도
라고 알려주고 있습니다.
구원은 영원한 죽음을 극복하는 놀랍고 값진 선물입니다.

----

2 하나님은 죄의 문제를 해결하기 위해 놀라운 계획을 세우셨습니다.

하나님은 죄에 빠진 사람을 벌해야 하고(영원한 죽음), 죄에 빠진 사람을
사랑해야 하는(구원) 두 가지 문제를 해결하기 위해 '구원 계획'을 세우셨
습니다.
하나님의 구원 계획은 예수 그리스도입니다.

에베소서 1장 3-7절
³ 찬송하리로다 하나님 곧 우리 주 예수 그리스도의 아버지께서 그리스도 안에서
하늘에 속한 모든 신령한 복을 우리에게 주시되 ⁴ 곧 창세 전에 그리스도 안에서
우리를 택하사 우리로 사랑 안에서 그 앞에 거룩하고 흠이 없게 하시려고 ⁵ 그 기쁘신
뜻대로 우리를 예정하사 예수 그리스도로 말미암아 자기의 아들들이 되게 하셨으니
⁶ 이는 그가 사랑하시는 자 안에서 우리에게 거저 주시는 바 그의 은혜의 영광을
찬송하게 하려는 것이라 ⁷ 우리는 그리스도 안에서 그의 은혜의 풍성함을 따라 그의
피로 말미암아 속량 곧 죄 사함을 받았느니라

- 구원 받을 대상의 선택의 주체는 누구입니까?(3절, 하나님 아버지)
- 언제 구원하기로 선택하셨습니까?(4절, 창세 전에)
- 구원받을 대상의 선택의 조건은 무엇입니까?(7절, 은혜의 풍성함을 따라)
- 구원하시려는 동기는 무엇입니까?(4절, 흠이 없게 하시려고)
- 구원받은 사람들의 결과는 무엇입니까?(5절, 아들이 됨)

우리가 예수님을 믿게 된 것은 우연히 일어난 사건이 아닙니다. 창조 역사 이전부터 하나님의 구원 계획 속에 포함되어 있는 일 입니다.

성경은 하나님이 우리를 하나님의 기쁘신 뜻대로 선택하셨다고 설명합니다.

하나님은 우리를 조건 없이 사랑하셔서 자녀로 선택하셨습니다.

그 결과 예수님을 믿게 되었고, 하나님의 자녀가 된 것입니다.

성경은 이것을 은혜라고 말합니다.

믿음으로 얻는 구원

3 구원을 얻기 위해 필요한 것은 무엇입니까?

요한복음 1장 12절
영접하는 자 곧 그 이름을 믿는 자들에게는 하나님의 자녀가 되는 권세를 주셨으니

구원은 사람의 어떤 노력이나 행동으로 얻을 수 있는 것이 아닙니다.
성경은 구원을 값없이 주시는 하나님의 선물이라고 말합니다.

에베소서 2장 8-9절

⁸ 너희는 그 은혜에 의하여 믿음으로 말미암아 구원을 받았으니 이것은 너희에게서
난 것이 아니요 하나님의 선물이라 ⁹ 행위에서 난 것이 아니니 이는 누구든지
자랑하지 못하게 함이라

● 구원을 인간의 노력으로 소유하게 된다면 어떤 일이 일어 나겠습니까?

구원의 확신

4 성경은 그리스도인이 받은 구원은 영원히 변할 수 없다고 명확히 말합니다.
어떤 그리스도인은 구원의 확신이 흔들린 경우가 있습니다.

● 당신의 경우 구원의 확신이 흔들린 경험이 있으십니까?
● 그랬다면 어떻게 확신을 다시 가지셨는지 나누어 주시겠습니까?

----

5 성경은 믿음으로 구원을 얻는다고 말하고 있고, 이 사실은 결코 변하지 않습니다. 구원의 확신을 더해주는 다음의 성경구절을 살펴보십시오.

요한복음 5장 24절

내가 진실로 진실로 너희에게 이르노니 내 말을 듣고 또 나 보내신 이를 믿는 자는
영생을 얻었고 심판에 이르지 아니하나니 사망에서 생명으로 옮겼느니라

고린도전서 12장 3절
그러므로 내가 너희에게 알리노니 하나님의 영으로 말하는 자는 누구든지 예수를
저주할 자라 하지 아니하고 또 성령으로 아니하고는 누구든지 예수를 주시라 할 수
없느니라

구원의 내용

6 그리스도인이 된다는 것은 믿음으로 그리스도를 영접하여 그
분이 주시는 사랑과 죄 용서함을 받는 것을 말합니다.
그것은 그리스도에게 당신의 지성, 감정, 의지의 전인격을 드림으로
이루어 집니다.
그리스도와 성도와의 관계는 결혼의 관계로 비유할 수 있습니다.
남자와 여자가 서로에게 맞는 인생 반려자를 선택하는 과정과 같습
니다.
서로가 누구인지 알아갑니다(지성).
사랑의 감정을 나눕니다(감정).
결혼식의 증인(하객) 앞에서 평생 반려자로 고백합니다(의지).

그리스도를 지식으로 아는 것, 감정적인 체험, 의지의 행위로 삶 속에서
예수 그리스도의 말씀을 따라 사는 것이 필요합니다.

1. 지적인 이해

기독교는 맹목적인 신앙이 아닙니다. 예수 그리스도의 부활은 역사적
사실입니다. 신앙의 지적인 헌신을 위해서는 성경에 기록된 복음의 내
용을 이해야합니다.

예수 그리스도는 누구십니까?(5과 1-5번을 살펴보십시오)

예수 그리스도는 어떤 일을 했습니까?(5과 6-10번을 살펴보십시오)

예수 그리스도는 지금 무엇을 하십니까?(5과 11-13번을 살펴보십시오)

2. 감정적인 체험

감정은 말씀과 믿음의 결과입니다.

사람마다 감정적인 체험이 다르다는 것을 인정해야 합니다.

구원의 확신은 하나님 말씀의 권위에 근거합니다.

그리스도인은 하나님의 말씀과 그분의 신실성을 믿는 믿음으로 사는 것
입니다.

3. 의지적인 결단

● 예수님을 믿는다는 것은 의지의 행위를 수반하는 것입니다.

● 예수님은 젊은 관원에게 어떤 의지의 결단을 요구하셨습니까?

누가복음 18장 22절

예수께서 이 말을 들으시고 이르시되 네게 아직도 한 가지 부족한 것이 있으니 네게
있는 것을 다 팔아 가난한 자들에게 나눠 주라 그리하면 하늘에서 네게 보화가
있으리라 그리고 와서 나를 따르라 하시니

....

....

● 예수님을 만난 맹인 거지는 믿음의 의지를 어떻게 표현했습니까?

누가복음 18장 39-42절

^{39} 앞서 가는 자들이 그를 꾸짖어 잠잠하라 하되 그가 더욱 크게 소리 질러 다윗의
자손이여 나를 불쌍히 여기소서 하는지라 ^{40} 예수께서 머물러 서서 명하여 데려오라
하셨더니 그가 가까이 오매 물어 이르시되 ^{41} 네게 무엇을 하여 주기를 원하느냐

이르되 주여 보기를 원하나이다 [42] 예수께서 그에게 이르시되 보라 네 믿음이 너를 구원하였느니라 하시매

당신은 예수님을 믿을 때 분명한 의지의 결단을 하셨습니까?

구원의 단계

7 지금까지 구원의 확신과 구원의 내용을 배웠습니다.
구원의 단계는 크게 세 가지로 나누어 정의 할 수있습니다.

1. 칭의(Justification)

우리가 이미 받은 구원(Salvation past)으로 하나님이 우리를 의롭다고 여기시며 주신 것입니다.

구원받기 이전의 상황은 하나님과 관계가 깨진 상태였습니다.

로마서 3장 23절
모든 사람이 죄를 범하였으매 하나님의 영광에 이르지 못하더니

죄로 인해 하나님과 깨진 관계를 예수님을 통해 회복 할수 있게 되었습니다.

요한복음 3장 16절

하나님이 세상을 이처럼 사랑하사 독생자를 주셨으니 이는 그를 믿는 자마다
멸망하지 않고 영생을 얻게 하려 하심이라

구원은 하나님에게서 시작되었고, 하나님이 전적으로 주도하신 사건입
니다.

---

2. 성화(Sanctification)

현재 구원받은 감격과 기쁨의 삶을 누리는 구원(Salvation Present)으로 구
원을 이루어 가는 과정입니다.
성화 과정의 핵심은 하나님과 깊이 교제하는 것입니다.

빌립보서 2장 12-13절

[12] 그러므로 나의 사랑하는 자들아 너희가 나 있을 때뿐 아니라 더욱 지금 나 없을
때에도 항상 복종하여 두렵고 떨림으로 너희 구원을 이루라 [13] 너희 안에서 행하시는
이는 하나님이시니 자기의 기쁘신 뜻을 위하여 너희에게 소원을 두고 행하게
하시나니

"이룬다(누린다)"는 현재진행형 동사입니다. 멈추지 말고 계속에서 파고
들어가라는 의미입니다. 영어 성경(NIV)에서는 'work out'으로 표현하는
데, 운동으로 몸을 단련시킨다는 의미입니다. 계속해서 몸을 단련하듯
이 구원을 계속해서 단련하라는 의미입니다.

3. 영화(Glorification)

장차 받을 '완성된 구원(Salvation Future)'입니다.

빌립보서 1장 6절
너희 안에서 착한 일을 시작하신 이가 그리스도 예수의 날까지 이루실 줄을 우리는
확신하노라

영화를 의미하는 '예수 그리스도의 날까지'는 우리가 천국 가는 날이나
주님이 다시 재림하시는 날을 의미합니다.

구원받은 사람은 완전한 천국시민권자들입니다.

성도는 구원받은 순간부터 영원한 천국을 갈망하며 살아가게 됩니다.

일상의 열매를 거두며...

천국은 어떤 곳 입니까?

천국은 죄와 아픔이 없고(계 21:4), 하나님과 영원히 교제하는 곳(계 21:3)입니다.
천국은 구원받은 성도들의 영적인 고향이고, 안식처입니다.

요한계시록 21장 1-7절
[1] 또 내가 새 하늘과 새 땅을 보니 처음 하늘과 처음 땅이 없어졌고 바다도 다시 있지 않더라 [2] 또 내가 보매 거룩한 성 새 예루살렘이 하나님께로부터 하늘에서 내려오니 그 준비한 것이 신부가 남편을 위하여 단장한 것 같더라 [3] 내가 들으니 보좌에서 큰 음성이 나서 이르되 보라 하나님의 장막이 사람들과 함께 있으매 하나님이 그들과 함께 계시리니 그들은 하나님의 백성이 되고 하나님은 친히 그들과 함께 계셔서 [4] 모든 눈물을 그 눈에서 닦아 주시니 다시는 사망이 없고 애통하는 것이나 곡하는 것이나 아픈 것이 다시 있지 아니하리니 처음 것들이 다 지나갔음이러라 [5] 보좌에 앉으신 이가 이르시되 보라 내가 만물을 새롭게 하노라 하시고 또 이르시되 이 말은 신실하고 참되니 기록하라 하시고 [6] 또 내게 말씀하시되 이루었도다 나는 알파와 오메가요 처음과 마지막이라 내가 생명수 샘물을 목마른 자에게 값없이 주리니 [7] 이기는 자는 이것들을 상속으로 받으리라 나는 그의 하나님이 되고 그는 내 아들이 되리라

● 요한계시록이 말하는 천국을 나의 말로 이야기 해봅시다.

....

....

모든 사람은 아담과 하와로부터 시작된 원죄로 육체적 죽음을 경험하게
됩니다.
하나님의 자녀가 된 성도는 육체적 죽음 이후에 영원한 천국에서 하나
님과 함께 살아가게 됩니다.

● 얼마나 기쁘고 흥분된 일 일까요?

....

....

영적생태도 Spiritual Ecogram

1. 생태도 Ecogram는 내 주위의 사람, 그룹, 모임 등과 주고 받는 영향과 관계의 다양성을 살펴볼 수 있는 측정도구입니다.
2. 내가 맺고 있는 영적 관계를 더욱 건강하게 살펴보고 개선할 수 있습니다.
3. 방법
   1) 자신의 이름을 가운데 지점 네모에 기입 합니다.
   2) 주변에 영향을 주고 받는 대상(개인, 그룹, 모임 등)마다 동그라미를 그리고 이름을 기입 합니다.
      ＊원의 크기 : 친밀한 관계는 원이 크고 '나'와 가까이 있으며, 관계가 멀수록 원이 작고 '나'와 멀리 위치해 둡니다.
      ＊화살표 방향 : 나와 상대방이 영향을 미치는 쪽에서 상대방에게 화살표를 표시합니다.
   3) 생태도 기호

친밀관계	소원관계	애착관계	갈등관계	에너지 흐름
——————	— — — —	▬▬▬▬	∧∧∧∧∧∧	→　→　→
친밀한 상태	친밀함이 멀어진 상태	과도한 밀착 상태	갈등이 있는 상태	영향력을 주는 주체

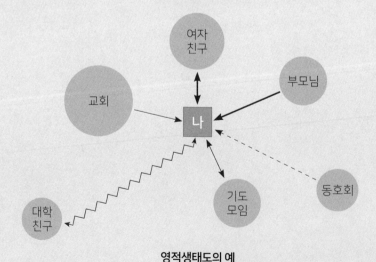

영적생태도의 예

영적생태도

나

* 나의 영적상태도를 만들어 보십시오.
* '나'대신에 가족, 교회, 공동체등을 만들어보아도 좋습니다.

＊memo

7과 성령님은 누구신가

✚ **핵심구절**

에베소서 5장 18절

술 취하지 말라 이는 방탕한 것이니 오직 성령으로 충만함을 받으라

갈라디아서 5장 22-23절

^{22} 오직 성령의 열매는 사랑과 희락과 화평과 오래 참음과 자비와 양선과
충성과 ^{23} 온유와 절제니 이같은 것을 금지할 법이 없느니라

✚ **이 과의 핵심 내용**

- 성령님이 누구신지 이해합니다.
- 그리스도인이 승리하는 믿음 생활과 그 필요를 알게 됩니다.
- 성령충만의 정의와 성령충만을 받는 방법을 알게 됩니다.

마음의 문을 활짝 열며...

20년 후에...

1. 20년 후에 나는 누구입니까?
2. 오늘이 20년 후에 나의 생일입니다. 주위에 누가 있습니까?
3. 그들이 나에게 무엇이라고 축하해줍니까?
4. 20년 후의 당신에게 지금의 당신이 무엇이라고 축하를 해주고 싶습니까?
5. 만약 당신이 지금 세상을 떠난다면 천국에 있을 것을 확신하십니까?

....

....

하나님의 천국에 들어가기 전까지 성도는 하나님이 원하시는 삶을 살아가게 됩니다.
그리스도인으로 살아가는 과정에서 기쁨과 만족이 있겠지만, 슬픔과 갈등도 존재합니다.
모든 환경에서 하나님이 성령님을 보내주셔서 성도가 승리하도록 인도해주십니다.
나와 함께 동행해 주시는 성령님은 누구십니까?

....

....

말씀의 씨앗을 뿌리며...

1 누군가 당신에게 토지의 작가 박경리의 작품을 보여주고, 이보다 더 감동적인 소설을 써보라고 한다면 어떻게 말씀하시겠습니까? 매우 어려운 질문일 것입니다.

이번에는 당신에게 박경리의 재능을 주고 소설을 써보라고 한다면 어떻게 말씀하시겠습니까? 용기를 내어 도전해 볼 수 있을 것입니다.

예수님을 믿는 순간 우리 안에 성령님이 들어오셔서 함께 살아가게 됩니다. 성령님은 우리가 예수님을 닮아 가는 그리스도인으로 살아가는 영적인 힘을 제공해 줍니다.

안타까운 것은 우리 안에 성령님이 계시다는 사실과 성령님이 우리 안에서 행하시는 일을 알지 못해서 마치 패배자처럼 살아가는 그리스도인이 많다는 사실입니다.

● 성령님이 어떤 분인지, 성령님과 동행 할때 어떤 영적 능력을 가지고 살아 갈 수 있습니까?

성령님은 모든 성도 안에 살아 계십니다. 성령님은 우리가 그리스도 중심의 삶을 살아갈 힘을 공급해 주시기 때문에, 그리스도인의 삶에서 성령님의 인도하심은 필수적입니다.

성장하고 성숙한 그리스도인의 삶을 계속 살기 위해서는 성령님과 늘 함께 하는 상태 즉, 성령충만의 삶을 살아야 합니다.

성령님의 존재

2 하나님 나라에 들어가는 사람은 어떤 사람입니까?

요한복음 3장 5절
예수께서 대답하시되 진실로 진실로 네게 이르노니 사람이 물과 성령으로 나지
아니하면 하나님의 나라에 들어갈 수 없느니라

● 물과 성령으로 거듭난다는 의미는 무엇입니까?

....

....

3 성령님은 어떤 분입니까?

● 성령님을 '진리의 영'이라고 부르는 이유는 무엇입니까?

요한복음 16장 13절
그러나 진리의 성령이 오시면 그가 너희를 모든 진리 가운데로 인도하시리니 그가
스스로 말하지 않고 오직 들은 것을 말하며 장래 일을 너희에게 알리시리라

....

....

● 성령님의 다른 이름은 무엇입니까?
● 성령님이 하시는 일은 무엇입니까?

요한복음 14장 16-17절

[16] 내가 아버지께 구하겠으니 그가 또 다른 보혜사를 너희에게 주사 영원토록 너희와 함께 있게 하리니 [17] 그는 진리의 영이라 세상은 능히 그를 받지 못하나니 이는 그를 보지도 못하고 알지도 못함이라 그러나 너희는 그를 아나니 그는 너희와 함께 거하심이요 또 너희 속에 계시겠음이라

....

....

....

성령세례

4 성령세례를 받았습니까?

성령님이 내게 충만히 임재하시는 것을 성령세례라고 합니다. 세례를 받는 것처럼 성령님 안에 완전히 잠겨있는 상태를 의미합니다.
성령세례는 성령님이 나에게 임재하시는 하나님의 주도적인 사건입니다. 물세례와 성령세례가 동시에 올 수도 있으며 개별적인 사건으로 올 수도 있습니다.
성령세례는 '성령님의 인치심'이라고도 부릅니다(엡 1:13-14).

사도행전 1장 5절

요한은 물로 세례를 베풀었으나 너희는 몇 날이 못되어 성령으로 세례를 받으리라 하셨느니라

에베소서 1장 13-14절

[13] 그 안에서 너희도 진리의 말씀 곧 너희의 구원의 복음을 듣고 그 안에서 또한 믿어 약속의 성령으로 인치심을 받았으니 [14] 이는 우리 기업의 보증이 되사 그 얻으신 것을

속량하시고 그의 영광을 찬송하게 하려 하심이라

....

....

5 성령세례의 증거는 무엇입니까?

1) 구원의 사건

마음으로부터 예수님을 믿고 구원을 경험하게 되며, 일생의 단회적인 사건입니다.

로마서 8장 16절
성령이 친히 우리의 영과 더불어 우리가 하나님의 자녀인 것을 증언하시나니

2) 인격의 변화

성령님은 인격이셔서 나의 인격에 영향을 주십니다.
성령님은 죄로 인해 깨진 하나님의 형상을 회복시키시며 내 안의 속사람을 변화시켜 줍니다.
성령세례를 받은 결과 예수님의 인격을 닮아 가게 됩니다.
인격의 변화(character transformation)는 구원받은 성도의 삶 속에서 성령님의 열매를 맺는 것을 의미합니다(갈 5:22-23).

갈라디아서 5장 22-23절
²² 오직 성령의 열매는 사랑과 희락과 화평과 오래 참음과 자비와 양선과 충성과 ²³ 온유와 절제니 이같은 것을 금지할 법이 없느니라

....

....

3) 능력을 받음

오직 성령이 너희에게 임하시면 너희가 권능을 받고 예루살렘과 온 유대와
사마리아와 땅 끝까지 이르러 내 증인이 되리라 하시니라

성령님이 임하시면 하나님이 주시는 사명을 감당할 성령의 은사(Gift of
the Holy Spirit)라고 불리는 특별한 능력을 받게 됩니다. 은사 없이도 하나
님의 사역이 가능하지만 성령의 능력으로 하나님의 일을 감당하면 새롭
고 놀라운 결과를 경험하게 됩니다.
하나님은 새로운 사명을 주실 때마다 새로운 성령의 능력을 주십니다.
성령의 지배를 받고 사는 성도에게 성령님은 민감하게 역사하십니다

성령충만

6 성령충만이란 어떤 의미입니까?

구원받은 성도들이 성령님의 지배를 받고 그분의 능력으로 가득 채워지
는 상태를 의미합니다. 성령충만함을 받는다는 것은 그리스도 안에 사
는 것이고 그분의 인격과 성품을 드러내는 것입니다.

● 성령충만은 어떤 상태입니까?

에베소서 5장 18절
술 취하지 말라 이는 방탕한 것이니 오직 성령으로 충만함을 받으라

....

....

성령충만함이란 성령님이 지배하고 다스리는 상태를 말합니다.

성령충만의 상태는 신비한 상태로 들어가는 것도 아니며, 극도의 이성적인 상태만을 의미하는 것도 아닙니다.

성령충만의 표면적인 상태는 모든 사람이 다르게 나타날 수 있습니다. 공통된 것은 성령님의 충만한 임재를 경험하며, 성령님과 계속 소통하며 살게 됩니다.

7 왜 성령충만을 받아야 할까요?

성도가 예수님을 믿고 새로운 생활을 시작하게 되지만, 이 세상에서 사는 동안에 죄짓는 것을 피하기가 매우 어렵습니다.

사도 바울 같은 영적인 지도자도 죄와 계속 투쟁을 할 정도였습니다.

죄와의 싸움에서 승리할 수 있는 필수 조건은 성령충만을 받는 것입니다.

요한일서 1장 8절
만일 우리가 죄가 없다고 말하면 스스로 속이고 또 진리가 우리 속에 있지 아니할 것이요

로마서 7장 24절
오호라 나는 곤고한 사람이로다 이 사망의 몸에서 누가 나를 건져내랴

....

....

8 그리스도인은 성령님과 함께 살아 갈 때 필연적으로 내적갈등을 경험하게 됩니다.

갈라디아서 5장 17절
육체의 소욕은 성령을 거스르고 성령은 육체를 거스르나니 이 둘이 서로 대적함으로
너희가 원하는 것을 하지 못하게 하려 함이니라

● 성도 안에 있는 두 가지 소욕은 무엇입니까?
● 내적갈등을 해결하는 나만의 방법은 무엇입니까?

9 성령충만으로 영적인 갈등을 극복하게 됩니다.

모든 일반인에게 있는 양심적인 생각, 윤리적인 행동으로 인간적인 갈등을 극복 할 수도 있습니다.
그러나 육신을 입고 있는 사람 자신의 힘만으로는 영적으로 패배 할 수밖에 없습니다.
우리가 죄인이었던 옛 사람은 이런 갈등을 이길 수가 없습니다.

● 그리스도인들이 이런 갈등을 이기기 위해서 어떻게 해야 합니까?

로마서 8장 9-10절, 13-14절
[9] 만일 너희 속에 하나님의 영이 거하시면 너희가 육신에 있지 아니하고 영에 있나니
누구든지 그리스도의 영이 없으면 그리스도의 사람이 아니라 [10] 또 그리스도께서
너희 안에 계시면 몸은 죄로 말미암아 죽은 것이나 영은 의로 말미암아 살아 있는
것이니라...[13] 너희가 육신대로 살면 반드시 죽을 것이로되 영으로써 몸의 행실을
죽이면 살리니 [14] 무릇 하나님의 영으로 인도함을 받는 사람은 곧 하나님의 아들이라

10 성령충만은 어떻게 받을 수 있습니까?

영적으로 새롭게 태어나는 순간 그리스도인들은 성령님과 살게 됩니다
(롬8:16, 고전12:3). 그 순간부터 그리스도인들의 마음과 생활이 성령님에
게 순종하며 계속 성장과 성숙하게 됩니다.

고린도전서 12장 3절
그러므로 내가 너희에게 알리노니 하나님의 영으로 말하는 자는 누구든지 예수를
저주할 자라 하지 아니하고 또 성령으로 아니하고는 누구든지 예수를 주시라 할 수
없느니라

그리스도인들이 성령님의 인도 아래 살지만 모두가 성령 충만한 생활을
하는 것은 아닙니다. 성령충만은 일회적인 경험이 아니라, 그리스도인
의 생활 가운데 계속적으로 이루어지는 지속적 경험이어야 합니다.
성령으로 충만하기 위해서 다음과 같은 단계가 필요합니다.

1) 성령 충만을 간구해야 합니다.

우리는 믿음으로만 성령 충만함을 받게 됩니다.

2) 죄를 회개하고 자신을 깨끗이 해야 합니다.

회개는 우리가 죄를 하나님에게 고백하고 용서를 구하는 믿음의 행위입
니다. 고백이란 우리의 죄에 대하여 하나님 앞에서 인정하고, 그 죄가
예수 그리스도의 십자가의 피로 용서함 받은 것을 믿으며, 그 죄에서 돌
이켜 새로운 삶의 자세를 갖는 것을 의미합니다.
하나님은 그의 약속에 따라 죄를 용서해주시고 성령으로 충만케 해 주
실 것입니다.

요한일서 1장 9절
만일 우리가 우리 죄를 자백하면 그는 미쁘시고 의로우사 우리 죄를 사하시며 우리를
모든 불의에서 깨끗하게 하실 것이요

3) 하나님에게 전적으로 의지해야 합니다.

우리가 사랑하는 사람을 잃거나, 병으로 몸이 고통스럽거나, 재정이 파
산되거나, 인격적으로 모욕을 당할 때도 하나님만 의지하고 그를 신뢰
한다면, 그것이 바로 성령 충만한 삶이 됩니다.

성령님의 열매 맺는 삶

11 성령님의 열매는 무엇일까요?

1) 일상생활에서 그리스도의 성품이 드러납니다.

성령님 열매의 공통된 특징은 모두 인격적인 요소입니다. 성령충만의
결과 성숙한 인격의 결과가 나타나게 됩니다.

갈라디아서 5장 22-23절
[22] 오직 성령의 열매는 사랑과 희락과 화평과 오래 참음과 자비와 양선과 충성과 [23]
온유와 절제니 이같은 것을 금지할 법이 없느니라

2) 담대하게 복음을 전하게 됩니다.

성령충만에 대한 주님의 약속(행1:8)은 초대교회에서 어떻게 성취되었습니까?(행4:31)

사도행전 1장 8절
오직 성령이 너희에게 임하시면 너희가 권능을 받고 예루살렘과 온 유대와
사마리아와 땅 끝까지 이르러 내 증인이 되리라 하시니라

사도행전 4장 31절
빌기를 다하매 모인 곳이 진동하더니 무리가 다 성령이 충만하여 담대히 하나님의
말씀을 전하니라

----

3) 교회사역의 필요에 따라 각종 은사가 나타납니다.

초대교회 그리스도인들이 성령 충만했을 때 어떤 일이 일어 났습니까?(행2:4)
하나님이 우리를 성령으로 충만하게 할 때, 교회의 필요에 따라 여러 신비한 성령님의 은사를 주십니다(롬 12:6-8, 고전 12:4-11).
그리스도인들은 그 은사들을 감사하면서 주의 영광과 교회의 덕을 위해 사용해야 합니다.

사도행전 2장 4절
그들이 다 성령의 충만함을 받고 성령이 말하게 하심을 따라 다른 언어들로 말하기를
시작하니라

로마서 12장 6-8절

⁶ 우리에게 주신 은혜대로 받은 은사가 각각 다르니 혹 예언이면 믿음의 분수대로, ⁷ 혹 섬기는 일이면 섬기는 일로, 혹 가르치는 자면 가르치는 일로, ⁸ 혹 위로하는 자면 위로하는 일로, 구제하는 자는 성실함으로, 다스리는 자는 부지런함으로, 긍휼을 베푸는 자는 즐거움으로 할 것이니라

고린도전서 12장 4-11절

⁴ 은사는 여러 가지나 성령은 같고 ⁵ 직분은 여러 가지나 주는 같으며 ⁶ 또 사역은 여러 가지나 모든 것을 모든 사람 가운데서 이루시는 하나님은 같으니 ⁷ 각 사람에게 성령을 나타내심은 유익하게 하려 하심이라 ⁸ 어떤 사람에게는 성령으로 말미암아 지혜의 말씀을, 어떤 사람에게는 같은 성령을 따라 지식의 말씀을, ⁹ 다른 사람에게는 같은 성령으로 믿음을, 어떤 사람에게는 한 성령으로 병 고치는 은사를, ¹⁰ 어떤 사람에게는 능력 행함을, 어떤 사람에게는 예언함을, 어떤 사람에게는 영들 분별함을, 다른 사람에게는 각종 방언 말함을, 어떤 사람에게는 방언들 통역함을 주시나니 ¹¹ 이 모든 일은 같은 한 성령이 행하사 그의 뜻대로 각 사람에게 나누어 주시는 것이니라

일상의 열매를 거두며...

12 하나님은 모든 그리스도인에게 은사를 선물로 주십니다.

● 성령님이 주신 은사는 공동체를 섬기도록 주신 것입니다.
● 나는 어떤 은사를 받았습니까?
● 나의 은사로 공동체를 섬기면서 알게 된 것은 무엇인지 나누어 주시겠습니까?

베드로전서 4장 10-11절

10 각각 은사를 받은 대로 하나님의 여러 가지 은혜를 맡은 선한 청지기 같이 서로 봉사하라 11 만일 누가 말하려면 하나님의 말씀을 하는 것 같이 하고 누가 봉사하려면 하나님이 공급하시는 힘으로 하는 것 같이 하라 이는 범사에 예수 그리스도로 말미암아 하나님이 영광을 받으시게 하려 함이니 그에게 영광과 권능이 세세에 무궁하도록 있느니라 아멘

....

....

성령님은 예수 그리스도를 믿는 각 사람에게 임하시고, 모든 성도를 세상에서 그리스도의 향기로 드러내게 하십니다.
성령님은 공동체를 통하여 하나님의 뜻이 세상에서 이루어 지도록 하십니다.
성령님의 역사는 지금도 계속되며, 주님 다시 오실 때까지 역사하실 것입니다.

내 인생 롤모델

제 목	열정의 자비량 전도자 바울	
분야 (직업)	이 름	선정 이유
사도(천막제작자)	바울	자신의 직업을 가지고 자비량으로 복음을 전함

인물의 성격 및 업적, 성장배경

열정적이고 강한 성격, 유럽과 아시아의 교회를 세움. 다소에서 태어나 유명한 가말리엘의 제자였으나 다메섹에서 예수님을 만나고 복음을 전하는 삶을 살았음.

탐구 인물의 장·단점

장점: 처음 시도하는 일을 자신감있게 함.

단점: 주위사람들에게 거친 말을 가끔했음.

본받을 점

스스로 직업을 가지고 복음을 전하는 전도자의 모델이 됨.

나의 롤 모델 모습	나의 미래모습
1. 직업을 가지고, 복음을 전함.	1. 나의 직장에서 전도를 열심히 하는 사람이 됨.
2. 어려움을 만났을 때 동료들을 격려했음.	2. 직장동료들을 격려하는 에너자이저가 됨.

<닮아 가기 위하여 내가 가장 우선적으로 하여야 할 일을 단계적으로 3 가지만 적어 봅시다.>

1. 직장 동료들을 위해 기도하기(사랑과 관심)

2. 현재 내가 담당하는 업무를 탁월하게 잘 하는 전문가 되기

3. 나의 도움이 필요한 동료들을 도우면서, 복음을 전하기

Tips.

1. 성경에서 본 받을 만한 나(가족, 공동체)의 롤모델을 선정합니다.

2. 롤모델의 생애, 성품과 사건 등을 조사하여 기록하고 나눕니다.

3. 성경 이외에 존경할 만한 인물을 선택하여도 좋습니다.

내 인생 롤모델

제 목		
분야 (직업)	이 름	선정 이유

인물의 성격 및 업적, 성장배경

탐구 인물의 장·단점

본받을 점

나의 롤 모델 모습	나의 미래모습

<닮아 가기 위하여 내가 가장 우선적으로 하여야 할 일을 단계적으로 3 가지만 적어 봅시다>

* memo

8과 성도의 영적 전쟁

―――――― ∘∞∞∘ ――――――

✚ 핵심구절

고린도전서 10장 13절

사람이 감당할 시험 밖에는 너희가 당한 것이 없나니 오직 하나님은 미쁘사 너희가 감당하지 못할 시험 당함을 허락하지 아니하시고 시험 당할 즈음에 또한 피할 길을 내사 너희로 능히 감당하게 하시느니라

에베소서 6장 11-12절

[11] 마귀의 간계를 능히 대적하기 위하여 하나님의 전신 갑주를 입으라 [12] 우리의 씨름은 혈과 육을 상대하는 것이 아니요 통치자들과 권세들과 이 어둠의 세상 주관자들과 하늘에 있는 악의 영들을 상대함이라

✚ 이 과의 핵심 내용

- 성도의 삶이 영적 전쟁의 현장임을 알게 됩니다.
- 영적인 세계와 영적전쟁을 알고 대처하는 방법을 알게 됩니다.
- 영적 시험의 종류와 대처방법을 알고 승리하는 방법을 배웁니다.

마음의 문을 활짝 열며...

비행기의 날개는 균형을 잡아 주는 중요한 역할을 합니다. 비행기의 두 날개는 엔진 중 하나가 문제가 발생해도 나머지 하나로 비상 비행이 가능하도록 제작되었습니다. 안전을 위해서입니다.
위험에 처한 비행기는 곧 바로 비상상황을 벗어 날 수 있어야 합니다. 그렇지 않으면 추락의 위험을 만나게 됩니다.

나의 인생도 비행기의 두 날개처럼 균형을 잡는 것이 매우 중요합니다.
인생이라는 비행에서 두 날개처럼 균형잡힌 인생을 살고 있습니까?

지금 나의 영적인 균형은 잘 맞추어 있습니까?
내 삶의 균형지수는 얼마입니까?

0(최저치)에서 10(최고치)까지를 기준으로 자기점검을 해보십시오

건강(사회활동) 균형지수는 ?
섬김(봉사) 균형지수는?
생업(학업) 균형지수는?
믿음(교회) 균형지수는?

● 균형 잡힌 지수는 무엇입니까?
● 균형이 무너진 지수는 무엇입니까?
● 어떻게 유지 또는 개선하시겠습니까?

함께 나누어 주십시오.

....

....

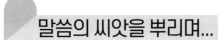

말씀의 씨앗을 뿌리며...

실재하는 영적인 전쟁

1 많은 그리스도인이 예수님을 믿는 순간 평온한 삶을 기대하며 성령 충만한 삶을 살려고 노력합니다.
그렇지만 이 세상에서 육신을 입고 있는 동안에는 죄가 없는 생활을 하는 것이 불가능 합니다.
유혹에 빠지지 않는 사람은 없고 자신의 힘만으로는 승리의 삶을 살 수가 없습니다.
사탄이 우는 사자와 같이 삼킬 자를 찾고 있기 때문입니다.
그리스도인은 하나님의 말씀을 따라 살려고 노력하지만, 사탄은 쉬지않고 그리스도인을 유혹하여 하나님과 멀어지도록 도전하고 있습니다.
이 두 간격 사이에서 보이지 않는 영적인 전투가 일어나고 있습니다.

고린도전서 10장 10절, 13절
[10] 그들 가운데 어떤 사람들이 원망하다가 멸망시키는 자에게 멸망하였나니 너희는 그들과 같이 원망하지 말라...[13] 사람이 감당할 시험 밖에는 너희가 당한 것이 없나니 오직 하나님은 미쁘사 너희가 감당하지 못할 시험 당함을 허락하지 아니하시고 시험 당할 즈음에 또한 피할 길을 내사 너희로 능히 감당하게 하시느니라

베드로전서 5장 8-9절
[8] 근신하라 깨어라 너희 대적 마귀가 우는 사자 같이 두루 다니며 삼킬 자를 찾나니 [9] 너희는 믿음을 굳건하게 하여 그를 대적하라 이는 세상에 있는 너희 형제들도 동일한 고난을 당하는 줄을 앎이라

시험의 종류과 대응 방법

2 성경은 그리스도인에게 두 가지 종류의 시험이 있음을 말합니다.
테스트(창 22:1)와 유혹(약 1:13–14)입니다.

● 이 두 가지 시험의 특징은 무엇일까요?

창세기 22장 1절
그 일 후에 하나님이 아브라함을 시험하시려고 그를 부르시되 아브라함아 하시니
그가 이르되 내가 여기 있나이다

출애굽기 6장 4절
때에 여호와께서 모세에게 이르시되 보라 내가 너희를 위하여 하늘에서 양식을
비같이 내리리니 백성이 나가서 일용할 것을 날마다 거둘 것이라 이같이 하여 그들이
나의 율법을 준행하나 아니하나 내가 시험하리라

야고보서 1장 13-15절
13 사람이 시험을 받을 때에 내가 하나님께 시험을 받는다 하지 말지니 하나님은
악에게 시험을 받지도 아니하시고 친히 아무도 시험하지 아니하시느니라 14 오직 각
사람이 시험을 받는 것은 자기 욕심에 끌려 미혹됨이니 욕심이 잉태한즉 죄를 낳고
죄가 장성한즉 사망을 낳느니라

....

....

Tip. 하나님의 시험(Test)과 사탄의 시험(Temptation)

● 하나님의 시험(Test, 창세기 22장 1절, 출애굽기 6장 4절)
  하나님은 자녀에게 감당할 수 있는 적절한 것, 좋은 것으로 채워주시
  고 공급해 주십니다. 먼저 하나님은 자녀가 하나님이 주실 적절한 것,
  좋은 것을 받을 만하고 잘 사용할 만한지 살펴(Test)보십니다.

● 사탄의 시험(Temptation, 야고보서 1장 13-15절, 베드로전서 5장 8절)
  사탄은 성도를 유혹(Temptation)하여 파괴하려고 합니다. 하나님의 뜻
  을 이루지 못하도록 성도를 속이고 유혹에 빠뜨려 죄를 짓고 하나님
  과 멀어지게 하는 모든 악한 행위입니다.

3 그리스도인에게 영적 갈등이 생기는 이유는 무엇일까요?
세상 삶의 방식과 다른 새로운 존재가 되었기 때문입니다.

고린도후서 5장 17절
그런즉 누구든지 그리스도 안에 있으면 새로운 피조물이라 이전 것은 지나갔으니
보라 새 것이 되었도다

....

....

● 그리스도인이 경험하는 모든 시험은 어떤 시험입니까?
● 시험을 당할 때 승리하게 하시는 분은 누구입니까?
● 시험에 들지 않기 위해서는 어떻게 해야 합니까?
● 시험에서 승리하기 위해 하나님이 우리를 위해 하시는 일은 무엇입니까?

....

....

고린도전서 10장 13절

사람이 감당할 시험 밖에는 너희가 당한 것이 없나니 오직 하나님은 미쁘사 너희가
감당하지 못할 시험 당함을 허락하지 아니하시고 시험 당할 즈음에 또한 피할 길을
내사 너희로 능히 감당하게 하시느니라

요한일서 2장 15-16절

15 이 세상이나 세상에 있는 것들을 사랑하지 말라 누구든지 세상을 사랑하면
아버지의 사랑이 그 안에 있지 아니하니 16 이는 세상에 있는 모든 것이 육신의 정욕과
안목의 정욕과 이생의 자랑이니 다 아버지께로부터 온 것이 아니요 세상으로부터 온
것이라

마태복음 26장 41절

시험에 들지 않게 깨어 기도하라 마음에는 원이로되 육신이 약하도다 하시고

----

4 영적전쟁에서 승리하기 위해서는 영적인 무장이 되어 있어야 합니다. 그리스도인의 영적인 무기는 무엇입니까?

에베소서 6장 13-18절

13 그러므로 하나님의 전신 갑주를 취하라 이는 악한 날에 너희가 능히 대적하고
모든 일을 행한 후에 서기 위함이라 14 그런즉 서서 진리로 너희 허리 띠를 띠고 의의
호심경을 붙이고 15 평안의 복음이 준비한 것으로 신을 신고 16 모든 것 위에 믿음의
방패를 가지고 이로써 능히 악한 자의 모든 불화살을 소멸하고 17 구원의 투구와
성령의 검 곧 하나님의 말씀을 가지라 18 모든 기도와 간구를 하되 항상 성령 안에서
기도하고 이를 위하여 깨어 구하기를 항상 힘쓰며 여러 성도를 위하여 구하라

영적전쟁의 무기

1) 5가지 방어 무기
　① 진리의 허리띠 ② 의의 호심경 ③ 평안의 신발 ④ 믿음의 방패
　⑤ 구원의 투구
2) 1가지 공격 무기
　① 성령의 검 말씀
3) 2가지 양날 무기
　① 모든 기도와 간구(기도) ② 여러 성도를 위하여 구함(도고)

실재하는 영적인 존재 사탄의 정체

5　사탄과 마귀의 정체는 무엇입니까?
　사탄은 인격적이고 초자연적인 영적인 존재로서 성경은 이들을 타락한 천사라고 말합니다. 타락한 천사의 우두머리인 사탄은 다른 부하 천사들인 마귀들과 함께 천국에서 쫓겨 났습니다.

Tip. 사탄(Satan)의 존재와 명칭

(참고 : www.cafe.daum.net/pauljwpark/EvXc/15 박정우 자료)

히브리어 명사 '사탄'은 구약에 6회 등장하는 히브리어 동사 '사탄'과 관련 있습니다(시 38:20; 71:13; 109:4, 20, 29; 슥 3:1). 동사로 '고소하다', '비난하다', '대적이 되다'로 번역됩니다. 히브리어 명사 '사탄'은 헬라

어 '사타나스' 혹은 '사탄'으로 음역 되었습니다. '사탄'은 70인역에서 '디아볼로스'('고발자', 하나님에게서 멀어지게 하는 자)로 21회 번역되었습니다. '사탄'과 '마귀'는 상호 교차적으로 사용되었으며(마 4:10~11), 사탄은 개인적인 이름(personal name)으로, 마귀는 호칭(title)으로 사용되기도 합니다.

사탄의 유혹과 관련한 첫 근거 본문은 창세기 3장입니다. 하나님이 지으신 모든 들짐승 가운데 가장 간교했던 뱀은 하나님이 금지하신 선악과를 먹도록 하와를 유혹했습니다(창 3:1~6). 사탄이 악마적인 입신 기술을 이용해 뱀의 몸을 입고 에덴동산에 들어온 것입니다(창 3:15; 계 12:9, 14, 15; 20:2). 예수님에게 돼지 떼에 들어가기를 청했던 그 악령들처럼(막 5:12), 사탄의 선택은 하나님의 주권적 허락하심의 한계 내에 국한됩니다.

사탄이 공격하는 3가지 방법

사탄은 3가지 경로로 그리스도인에게 접근합니다.

6 첫째, 사탄은 그리스도인을 직접 공격합니다.
사탄은 그리스도인의 믿음을 근본적으로 흔들기 위해 직접 공격을 합니다. 하나님에 대한 믿음을 희미하게 만들거나 그리스도인과 하나님의 관계를 의심하게 하기도 하고, 하나님의 말씀과 그의 신실성 등을 부정하게도 합니다.

● 사탄은 가룟 유다를 어떻게 공격합니까?

누가복음 22장 2-3절

² 대제사장들과 서기관들이 예수를 무슨 방도로 죽일까 궁리하니 이는 그들이 백성을 두려워함이더라 ³ 열둘 중의 하나인 가룟인이라 부르는 유다에게 사탄이 들어가니

● 사탄의 이러한 공격은 어떻게 다루어야 하겠습니까?
  우선 사탄의 존재를 인정하고 사탄을 대적해야 합니다.

야고보서 4장 6-7절

⁶ 그러나 더욱 큰 은혜를 주시나니 그러므로 일렀으되 하나님이 교만한 자를 물리치시고 겸손한 자에게 은혜를 주신다 하였느니라 ⁷ 그런즉 너희는 하나님께 복종할지어다 마귀를 대적하라 그리하면 너희를 피하리라

● 우리가 구체적으로 어떻게 사탄을 대적할 수 있습니까?
  가장 좋은 방법은 예수님이 사탄을 대적했던 방법입니다.

마태복음 4장 4절, 7절, 10절

³ 시험하는 자가 예수께 나아와서 이르되 네가 만일 하나님의 아들이어든 명하여 이 돌들로 떡덩이가 되게 하라 ⁴ 예수께서 대답하여 이르시되 기록되었으되 사람이 떡으로만 살 것이 아니요 하나님의 입으로부터 나오는 모든 말씀으로 살 것이라 하였느니라 하시니 ⁵ 이에 마귀가 예수를 거룩한 성으로 데려다가 성전 꼭대기에 세우고 ⁶ 이르되 네가 만일 하나님의 아들이어든 뛰어내리라 기록되었으되 그가 너를 위하여 그의 사자들을 명하시리니 그들이 손으로 너를 받들어 발이 돌에 부딪치지 않게 하리로다 하였느니라 ⁷ 예수께서 이르시되 또 기록되었으되 주 너의 하나님을 시험하지 말라 하였느니라 하시니 ⁸ 마귀가 또 그를 데리고 지극히 높은 산으로 가서 천하 만국과 그 영광을 보여 ⁹ 이르되 만일 내게 엎드려 경배하면 이 모든 것을 네게 주리라 ¹⁰ 이에 예수께서 말씀하시되 사탄아 물러가라 기록되었으되 주 너의

하나님께 경배하고 다만 그를 섬기라 하였느니라

예수님은 세 번씩이나 "기록하였으되"(4절, 7절, 10절)에서 볼 수 있듯이 성령의 검인 하나님의 기록된 말씀으로 사탄을 물리치셨습니다(신명기 8장 3절, 시편 91편 11-12절, 신명기 6장 13절).

우리도 하나님의 말씀을 사용하므로 마귀를 대적할 수 있습니다.

사탄의 시험을 효과적으로 다루기 위해서는 성경말씀을 잘 알아야 하고, 성경암송이 중요한 이유이기도 합니다.

7 둘째, 사탄은 세상의 여러 방법을 통해서 공격합니다.

세상은 요한일서 2장 15-16절에서 언급한 하나님과 원수된 세상을 말하고, 로마서 12장 2절에서 지적한 '이 세대'를 말합니다. 이러한 종류의 세상이란 구원받지 못한 사람들이 하나님의 뜻을 대적하거나 그의 뜻과 무관하게 이룩한 사회, 문화, 다양한 가치 체계들로 구성된 세상을 의미합니다. 사탄은 하나님의 뜻을 구별하는 것이 혼동되도록 '세상'이란 통로를 사용하기도 합니다. 사람들이 보기에는 별로 문제가 되지 않지만, 영적으로 크게 상처, 손해를 입히는 방법을 사용하기도 합니다.

요한일서 2장 15-16절

[15] 이 세상이나 세상에 있는 것들을 사랑하지 말라 누구든지 세상을 사랑하면 아버지의 사랑이 그 안에 있지 아니하니 [16] 이는 세상에 있는 모든 것이 육신의 정욕과 안목의 정욕과 이생의 자랑이니 다 아버지께로부터 온 것이 아니요 세상으로부터 온 것이라

로마서 12장 1-2절

¹ 그러므로 형제들아 내가 하나님의 모든 자비하심으로 너희를 권하노니 너희 몸을 하나님이 기뻐하시는 거룩한 산 제물로 드리라 이는 너희가 드릴 영적 예배니라 ² 너희는 이 세대를 본받지 말고 오직 마음을 새롭게 함으로 변화를 받아 하나님의 선하시고 기뻐하시고 온전하신 뜻이 무엇인지 분별하도록 하라

_____

_____

8 셋째, 사탄은 육신의 욕심을 통해 우리를 공격합니다.

사탄은 사람들이 본능적으로 가지고 있는 육신의 욕심을 통해 공격을 하기도 합니다. 육신의 욕심을 통한 공격은 내부의 공격입니다.
하나님이 창조하신 본능적인 욕구 자체는 죄가 아닙니다.
어떤 시험들은 성적 욕구나 먹기를 탐하는 것 같은 생리적 충동에서 생기기도 합니다.
하나님이 우리에게 주신 이러한 생리적인 욕구를 잘못 사용해서 시험에 빠지기도 하고 승리하기도 합니다.

사무엘하 11장 1-4절

¹ 그 해가 돌아와 왕들이 출전할 때가 되매 다윗이 요압과 그에게 있는 그의 부하들과 온 이스라엘 군대를 보내니 그들이 암몬 자손을 멸하고 랍바를 에워쌌고 다윗은 예루살렘에 그대로 있더라 ² 저녁 때에 다윗이 그의 침상에서 일어나 왕궁 옥상에서 거닐다가 그 곳에서 보니 한 여인이 목욕을 하는데 심히 아름다워 보이는지라 ³ 다윗이 사람을 보내 그 여인을 알아보게 하였더니 그가 아뢰되 그는 엘리암의 딸이요 헷 사람 우리아의 아내 밧세바가 아니니이까 하니 ⁴ 다윗이 전령을 보내어 그 여자를 자기에게로 데려오게 하고 그 여자가 그 부정함을 깨끗하게 하였으므로 더불어 동침하매 그 여자가 자기 집으로 돌아가니라

창세기 39장 7-8절

⁷ 그 후에 그의 주인의 아내가 요셉에게 눈짓하다가 동침하기를 청하니 ⁸ 요셉이
거절하며 자기 주인의 아내에게 이르되 내 주인이 집안의 모든 소유를 간섭하지
아니하고 다 내 손에 위탁하였으니

....

....

9 성도가 고난에서 승리하기 위해서는 어떤 믿음의 태도가 필요한 지 점검해 보십시오.

로마서 8장 28절

²⁸ 우리가 알거니와 하나님을 사랑하는 자 곧 그의 뜻대로 부르심을 입은 자들에게는
모든 것이 합력하여 선을 이루느니라

야고보서 1장 2-4절

² 내 형제들아 너희가 여러 가지 시험을 당하거든 온전히 기쁘게 여기라 ³ 이는 너희
믿음의 시련이 인내를 만들어 내는 줄 너희가 앎이라 ⁴ 인내를 온전히 이루라 이는
너희로 온전하고 구비하여 조금도 부족함이 없게 하려 함이라

하나님은 모든 것을 통치 하시는 분이시며, 성도의 삶은 사탄과 영적 전
쟁 상태에 놓여 있다라는 사실을 알고 있어야 합니다.

일상의 열매를 거두며...

10 성도는 영적전쟁에서 어떤 태도를 가져야 합니까?
영적인 전쟁은 지금도 실재합니다.
하나님의 시험(Test)과 사탄의 유혹(Temptation)과 대응 방법을 기억하십시오.
영적인 존재 사탄이 성도를 공격하는 3가지 방법을 기억하십시오.
하나님의 말씀은 사탄을 물리치는 가장 강력한 영적인 도구입니다.

사탄이 주는 유혹은 하나님에 대한 우리의 사랑이 식어지면, 그 공백 속으로 스며들어 옵니다.
사탄의 유혹이 있을 때는 나의 일상의 경건 생활을 돌아보아야 합니다.
말씀의 기본이 튼튼하면 사탄이 공격을 해도 무너지지 않습니다.
우리가 돌아보아야 할 경건 생활의 영역을 점검 하십시오.
경건 생활을 다시 회복하고 하나님에 대한 사랑이 뜨거워지게 되면, 사탄의 공격은 그 힘을 잃게 될 것입니다.

● 지금 내가(우리 가정, 공동체) 만나고 있는 시험은 무엇입니까?
● 어떻게 대응하시겠습니까?

라이프 밸런스 진단 그램

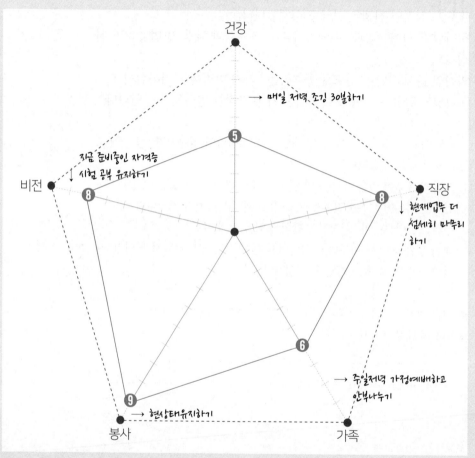

Tips.

1. 가운데 점을 '0'점, 각 꼭지점 끝은 10점입니다.
2. 스스로 살펴볼 5가지 영역을 선택하고 현재 상태를 0부터 10 사이 수치를 표합니다.
3. 다섯 영역의 현재 점수를 10점으로 개선하기 위한 방법을 기록합니다. 각 영역 목록은 변경하여 선택해도 됩니다.
4. 개인, 가족, 소그룹에서 1주일 또는 월별 목표로 함께 실행, 평가합니다.

라이프 밸런스 진단 그램

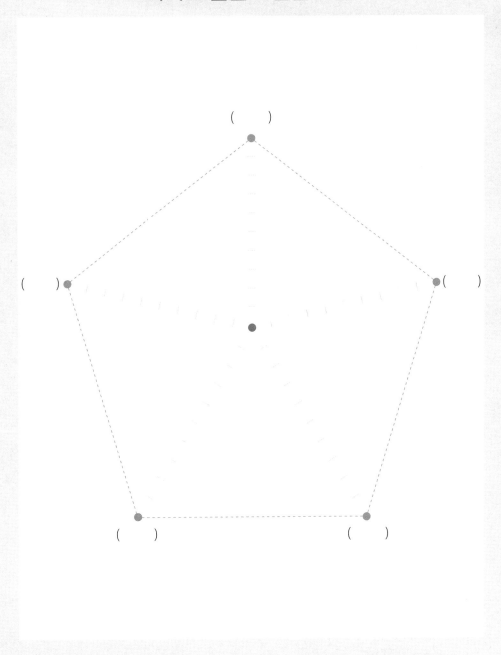

memo

9과 모든 완성, 기대되는 종말

✚ 핵심구절

히브리서 10장 24-25절

서로 돌아보아 사랑과 선행을 격려하며 모이기를 폐하는 어떤 사람들의
습관과 같이 하지 말고 오직 권하여 그 날이 가까움을 볼수록 더욱 그리하자

마태복음 24장 14절

이 천국 복음이 모든 민족에게 증언되기 위하여 온 세상에 전파되리니 그제야
끝이 오리라

✚ 이 과의 핵심 내용

- 종말은 예수님 재림의 때라는 것을 알게 됩니다.
- 종말에 관해 성경이 말하는 징조를 알게 됩니다.
- 종말을 준비하는 그리스도인의 건강한 영적 태도를 알게 됩니다.

마음의 문을 활짝 열며...

지난 한 주간(또는 지금까지 살아 오는 동안) 마음에 큰 기쁨으로 남아있는
감정은 무엇입니까?

_____

_____

데이비드 코트렐이라는 리더십 강사가 언젠가 사람들에게 그들이 무엇
을 걱정하는지를 묻고 그것이 어떻게 나타나는지를 조사했습니다.
그 결과는 다음과 같았습니다.
걱정의 40%는 절대 일어나지 않는 일과 관련되었습니다.
걱정의 30%는 과거의 일과 관련되었고, 그것에 대해 염려할 것은 아무
것도 없었습니다.
걱정의 12%는 건강과 관련해서 불필요한 것들이었습니다.
걱정의 10%는 중요치 않은 사소한 것이었습니다.
걱정의 8%만 실제의 일과 관련이 있었습니다.

우리는 우리가 할 수 있는 일, 해야 할 일에 대해서 에너지를 집중할 필
요가 있습니다.
인생의 우선순위는 필요한 것과 불필요한 것을 분별할 때 선명해 집니다.
요즘 내가 걱정하는 것은 무엇입니까?
우선순위를 결정하는 나만의 방법은 무엇인지 나누어 주시겠습니까?

_____

_____

말씀의 씨앗을 뿌리며...

1 '마지막'이라는 단어에 대한 각자의 생각을 나누어 봅시다

1세기 그리스도인들의 인사는 '마라나타'였습니다.
"Maranatha (Come, Our Lord 우리 주님 오시옵소서)"

태초에 하나님이 천지를 만드시고, 예수님이 다시 오시는 순간이 온 우주적인 종말의 순간이 될 것입니다.
성경은 인류와 온 우주가 마지막 순간이 있다는 것을 말합니다.
이것을 종말이라고 표현합니다.
성경은 하나님이 천지를 창조하심으로 역사가 시작되었고, 세상의 끝은 예수 그리스도께서 이 땅에 재림하시는 순간에 이루진다고 말합니다.
예수님이 다시 오시는 날은 성도들에게는 축제의 날이 되지만, 믿지 않는 사람들에게는 심판과 재앙의 날이 될 것입니다.

출애굽기 3장 14절
하나님이 모세에게 이르시되 나는 스스로 있는 자이니라 또 이르시되 너는 이스라엘 자손에게 이같이 이르기를 스스로 있는 자가 나를 너희에게 보내셨다 하라

요한계시록 1장 8절
주 하나님이 이르시되 나는 알파와 오메가라 이제도 있고 전에도 있었고 장차 올 자요 전능한 자라 하시더라

요한계시록 22장 13절
나는 알파와 오메가요 처음과 마지막이요 시작과 마침이라

인생 이후에 영원한 세계가 있습니다.

영원한 세계는 영생과 영벌의 세계로 나누어집니다.
주님과 함께 영원히 거주하는 영생의 세계는 하나님 나라입니다.

● 내가 생각하는 세상의 종말은 무엇인지 나누어 보십시오.

....

....

2 당신에게 고향은 어떤 곳인지 나누어 주십시오.
모든 사람들은 태어난 고향이 있습니다.
성도에게는 영적인 고향이 있습니다.
육체의 죽음은 끝이 아니며, 영적인 세계가 시작되는 지점입니다.
모든 사람은 육적인 삶(제한적인 삶)을 마치고 영적인 삶(영원한 삶)의 세
계로 갑니다.

히브리서 11장 15-16절
[15] 그들이 나온 바 본향을 생각하였더라면 돌아갈 기회가 있었으려니와 [16] 그들이
이제는 더 나은 본향을 사모하니 곧 하늘에 있는 것이라 이러므로 하나님이 그들의
하나님이라 일컬음 받으심을 부끄러워하지 아니하시고 그들을 위하여 한 성을
예비하셨느니라

....

....

3 세상을 떠난 분들을 '돌아 가셨다', '하늘의 부름을 받았다'는
표현을 사용합니다. 육신의 죽음 이후에 돌아가는 '곳'이 있습
니다.
죽음에는 세 가지 종류가 있습니다(6과 구원의 확신 참고).

첫째, 영적인 죽음입니다. 하나님과 친밀한 관계가 끊어진 상태입니다.

둘째, 육적인 죽음입니다. 몸과 영혼이 분리되는 상태입니다.
셋째, 영원한 죽음입니다. 하나님과 관계 회복이 불가능한 상태입니다.

영원한 죽음은 회복의 기회가 전혀 없는 영적인 상태입니다.
성경에서는 영원한 죽음의 문제를 해결하는 하나님의 방법을 예수 그리
스도라고 알려주고 있습니다.
구원은 영원한 죽음을 극복하는 놀랍고 값진 하나님의 선물입니다.

4 예수님은 승천 하신 대로 다시 오십니다.
재림의 날은 성경의 말씀대로 그 때를 예측 할 수는 있지만,
정확한 시간은 알 수 없습니다.
마치 첫 눈이 오는 날을 예측 할 수 있지만, 그 시간을 알 수 없는 것
과 같습니다.
재림의 날(=종말의 날)은 성도에게 Celebration day(축제의 날)입니다.

데살로니가전서 4장 15-16절, 5장 1-2절
15 우리가 주의 말씀으로 너희에게 이것을 말하노니 주 강림하실 때까지 우리 살아
남아 있는 자도 자는 자보다 결단코 앞서지 못하리라 16 주께서 호령과 천사장의
소리와 하나님의 나팔로 친히 하늘로 좇아 강림하시리니 그리스도 안에서 죽은
자들이 먼저 일어나고 5:1 형제들아 때와 시기에 관하여는 너희에게 쓸 것이 없음은 2
주의 날이 밤에 도적같이 이를 줄을 너희 자신이 자세히 앎이라

사도행전 1장 11절
이르되 갈릴리 사람들아 어찌하여 서서 하늘을 쳐다보느냐 너희 가운데서 하늘로
올려지신 이 예수는 하늘로 가심을 본 그대로 오시리라 하였느니라

5 예수님이 재림의 때까지 성도들에게 주신 가장 큰 요청(Great commitment)은 무엇입니까?

마태복음 24장 4절, 14절

⁴ 예수께서 대답하여 이르시되 너희가 사람의 미혹을 받지 않도록 주의하라...¹⁴ 이 천국 복음이 모든 민족에게 증언되기 위하여 온 세상에 전파되리니 그제야 끝이 오리라

마태복음 28장 18-20절

¹⁸ 예수께서 나아와 말씀하여 이르시되 하늘과 땅의 모든 권세를 내게 주셨으니 ¹⁹ 그러므로 너희는 가서 모든 민족을 제자로 삼아 아버지와 아들과 성령의 이름으로 세례를 베풀고 ²⁰ 내가 너희에게 분부한 모든 것을 가르쳐 지키게 하라 볼지어다 내가 세상 끝날까지 너희와 항상 함께 있으리라 하시니라

----

6 예수님의 재림때까지 성도들은 부르심(소명)대로 살아야 합니다.

로마서 8장 29-30절

²⁹ 하나님이 미리 아신 자들을 또한 그 아들의 형상을 본받게 하기 위하여 미리 정하셨으니 이는 그로 많은 형제 중에서 맏아들이 되게 하려 하심이니라 ³⁰ 또 미리 정하신 그들을 또한 부르시고 부르신 그들을 또한 의롭다 하시고 의롭다 하신 그들을 또한 영화롭게 하셨느니라

스위스의 종교개혁자들은 그리스도인의 소명을 4가지로 정의 하였습니다.

1) 구원으로의 부르심
2) 직분으로의 부르심
3) 결혼으로의 부르심
4) 직업으로의 부르심

하나님을 아는 지식 영토의 크기가 가슴을 뛰게 합니다.
하나님을 아는 지식이 많은 사람은 믿음의 영토가 넓은 것이고, 믿음의 영토가 넓은 사람은 긴 영적 해안선을 볼 수 있는 것이고, 긴 영적 해안선을 따라 세상을 다스리는 하나님을 바라보며 가슴이 뛰게 됩니다.
하나님을 믿지 않는 사람들에게 주님의 재림, 종말은 재앙의 날이지만, 하나님을 믿는 자녀들에게 인생 최고의 날이 되는 가슴 벅찬 은혜의 날이 될 것입니다.

7 예수님은 구원자와 심판자로 다시 오십니다.

예수님은 2천 년 전에 구원자로 오셨습니다.

요한복음 17장 25절

의로우신 아버지여 세상이 아버지를 알지 못하여도 나는 아버지를 알았사옵고
그들도 아버지께서 나를 보내신 줄 알았사옵나이다

예수님이 다시 오시는 날은 심판자로 오십니다.

요한복음 5장 22절
아버지께서 아무도 심판하지 아니하시고 심판을 다 아들에게 맡기셨으니

예수님은 종말의 메시지를 제자들에게만 말씀하셨습니다. 예수님을 따르는 성도들에게는 심판의 날이 은혜의 날이 될 것을 말씀하신 것입니다.

> ### Tip. 천국과 지옥에 관한 성경 원어의 표현
>
> 1) 스올(Sheol): 불신자들이 일시적으로 머무는 장소[1]
> 2) 하데스(Hades, 음부): 불신자들이 일시적으로 머무는 장소
> 3) 아부쏘스(Abussos, 무저갱): 사탄이 최후의 심판 전에 일시적으로 머무는 장소
> 4) 게헨나(Gehenna): 불신자들이 영원히 머무는 장소(지옥)
> 5) 파라다이스(Paradise): 하나님의 자녀가 일시적으로 머무는 장소
> 6) 천국(Ouranos, 하늘, Heaven): 하나님의 자녀들이 영원히 머무는 장소
>
> **천국**(하늘, Ouranos, Heaven)
> 요14:2, 계4:1
>
> **파라다이스**(Paradise)
> 눅23:42
>
>
>
> ---
>
> **스올**(Sheol)　　　　**하데스**(Hades)　　　　**아부쏘스**(무저갱, Abussos)
> 시16:10　　　　　　　　눅16:23　　　　　　　　　계20:1-3
>
> **게헨나**(지옥, Gehenna, Hell)
> 계 20:14-15

---

1 누가복음 강해, N 크로포드, 전도출판사, 211쪽

8 재림에 대한 중요한 이해들

1) 재림의 날은 누구도 알 수 없습니다.

예수님의 재림은 반드시 오게 될 실제적 사건입니다.
재림의 그 날은 하나님만 아십니다.

마태복음 24장 36절
그러나 그 날과 그 때는 아무도 모르나니 하늘의 천사들도, 아들도 모르고 오직
아버지만 아시느니라

2) 최후의 심판은 반드시 있습니다.

성경은 종말에는 예수님 심판을 부정하는 왜곡된 주장을 하는 자들이
나타날 것이라고 말합니다.

베드로후서 3장 3-4절
³ 먼저 이것을 알지니 말세에 조롱하는 자들이 와서 자기의 정욕을 따라 행하며
조롱하여 ⁴ 이르되 주께서 강림하신다는 약속이 어디 있느냐 조상들이 잔 후로부터
만물이 처음 창조될 때와 같이 그냥 있다 하니

3) 144,000명은 구원받는 성도를 의미하는 상징입니다.

144,000명은 셀 수 없는 많은 수를 의미합니다. 12지파(구약성도의 대표상
징)와 12제자(신약성도의 대표상징)의 영적인 수와 완전수 1,000을 곱한 수
입니다.
하나님이 택하기로 작정한 하나님나라 백성의 모든 수를 상징하는 것입
니다.
하나님이 구원하기로 작정한 백성들의 수는 마지막 날에 알게 될 것입

니다.

요한계시록 7장 9절
이 일 후에 내가 보니 각 나라와 족속과 백성과 방언에서 아무도 능히 셀 수 없는 큰
무리가 나와 흰 옷을 입고 손에 종려 가지를 들고 보좌 앞과 어린 양 앞에 서서

9 종말의 징조는 무엇입니까?

1) 지식과 정보통신이 비약적으로 발전합니다.

다니엘 12장 4절
다니엘아 마지막 때까지 이 말을 간수하고 이 글을 봉함하라 많은 사람이 빨리
왕래하며 지식이 더하리라

2) 재난의 징조들이 있습니다.
전쟁, 기근, 지진, 적대적 인간관계의 파괴가 심각하게 일어 납니다.

마태복음 24장 7절, 12절
[7] 민족이 민족을, 나라가 나라를 대적하여 일어나겠고 곳곳에 기근과 지진이
있으리니...[12] 불법이 성하므로 많은 사람의 사랑이 식어지리라

3) 가짜 그리스도가 나타납니다.
자신이 그리스도라고 주장하면서 사람들을 미혹할 것입니다.

마태복음 24장 4-5절
[4] 예수께서 대답하여 이르시되 너희가 사람의 미혹을 받지 않도록 주의하라 [5] 많은

사람이 내 이름으로 와서 이르되 나는 그리스도라 하여 많은 사람을 미혹하리라

4) 복음이 세계적으로 편만해 집니다.

주님 재림을 앞두고 세계의 모든 나라와 종족들이 복음을 듣게 됩니다.

마태복음 24장 14절
이 천국 복음이 모든 민족에게 증언되기 위하여 온 세상에 전파되리니 그제야 끝이 오리라

10 재림을 준비하는 건강한 종말론적 자세는 무엇입니까?

1) 단순한 삶을 살아야 합니다.

요한일서 2장 15절
이 세상이나 세상에 있는 것들을 사랑하지 말라 누구든지 세상을 사랑하면 아버지의 사랑이 그 안에 있지 아니하니

2) 경건한 삶을 살아야 합니다.

신부와 거리 여인의 차이는 아름다움이 아니라 순결함입니다. 순결함은 거룩함입니다. 거룩함이 교회의 가장 큰 능력입니다.

베드로후서 3장 11-13절
11 이 모든 것이 이렇게 풀어지리니 너희가 어떠한 사람이 되어야 마땅하냐 거룩한 행실과 경건함으로 12 하나님의 날이 임하기를 바라보고 간절히 사모하라 그 날에

하늘이 불에 타서 풀어지고 물질이 뜨거운 불에 녹아지려니와 ¹³ 우리는 그의
약속대로 의가 있는 곳인 새 하늘과 새 땅을 바라보도다

---

3) 사랑의 공동체를 세우는 가족이 되어야 합니다.

영적 전쟁에서 승리할 수 있는 힘은 사랑입니다. 천국의 특징은 사랑만
가득한 곳입니다.

히브리서 10장 24-25절
²⁴ 서로 돌아보아 사랑과 선행을 격려하며 ²⁵ 모이기를 폐하는 어떤 사람들의 습관과
같이 하지 말고 오직 권하여 그 날이 가까움을 볼수록 더욱 그리하자

---

11 예수님 재림의 때까지 그리스도인들이 가져야 하는 믿음의 자세는 무엇입니까?

마태복음 25장 1-13절
¹ 그 때에 천국은 마치 등을 들고 신랑을 맞으러 나간 열 처녀와 같다 하리니 ² 그 중의
다섯은 미련하고 다섯은 슬기 있는 자라...⁴ 슬기 있는 자들은 그릇에 기름을 담아
등과 함께 가져갔더니 ⁵ 신랑이 더디 오므로 다 졸며 잘새...⁸ 미련한 자들이 슬기
있는 자들에게 이르되 우리 등불이 꺼져가니 너희 기름을 좀 나눠 달라 하거늘 ⁹ 슬기
있는 자들이 대답하여 이르되 우리와 너희가 쓰기에 다 부족할까 하노니 차라리
파는 자들에게 가서 너희 쓸 것을 사라 하니 ¹⁰ 그들이 사러 간 사이에 신랑이 오므로
준비하였던 자들은 함께 혼인 잔치에 들어가고 문은 닫힌지라... ¹³ 그런즉 깨어
있으라 너희는 그 날과 그 때를 알지 못하느니라

● 예수님의 재림때까지 그리스도인이 깨어있어야 할 것은 무엇입니까?

....

....

신약성경에는 재림에 관한 구절이 318번이 나옵니다. 25절마다 한번 반복되는 것입니다. '마라나타'는 초대교회에서 가장 많이 사용된 그리스도인의 인사법이고 성찬식에서 사용되던 공식기도문이기도 했습니다. 예수님의 재림을 갈망했던 고백입니다.

Maranatha(Come, Our Lord 우리 주님 오시옵소서).

고린도전서 16장 22절
만일 누구든지 주를 사랑하지 아니하면 저주를 받을지어다 우리 주여 오시옵소서

요한계시록 22장 20절
이것들을 증언하신 이가 이르시되 내가 진실로 속히 오리라 하시거늘 아멘 주 예수여 오시옵소서

일상의 열매를 거두며...

12 성도에게 종말은 믿음이 완성되는 축제의 날입니다.
교회는 예수님의 재림을 기대하며 소망하는 건강한 영적
공동체입니다.

희망과 절망을 사는 여러 종류의 인생이 있습니다.
어떤 사람의 인생은 절망으로 시작해서 희망으로 마치는 인생이 있습니다.
어떤 사람의 인생은 희망으로 시작해서 절망으로 마치는 인생이 있습니다.
예수님과 함께 동행하는 그리스도인의 삶의 종착역은 하나님의 천국인
희망역입니다.

주님과 함께 영원히 살게 될 천국,
그리스도인 최대 축제의 날, 세상의 종말에 관해 말씀을 나누었습니다.
지금도 역사하시고 우리를 사랑하시는 하나님과 만날 그 날을 기대하십
시오.

....

....

내 인생 'RIP'

1. 만약, 오늘이 나의 천국환송식 날 이라면, 내 인생의 묘비에 나는 무엇이라고 기록하고 싶습니까?
2. 내 인생의 묘비에 다른 분들은 무엇이라고 기록할까요?
   (오늘 참여하신 분들에게 나의 묘비명을 대신 기록해 달라고 부탁해 보아도 좋습니다)

내 인생 RIP

멋진 인생을
살았습니다.
당신을 천국에서
기다리겠습니다.

Rest in Peace

2021년 9월 6일 작성자: 최은주

내 인생 RIP(예)

내 인생 RIP

Try to do
my best
in Christ

Rest in Peace

2021 년 9월 6일 작성자: 박정우

Tips.

1. 현재까지 살아온 내 인생을 스스로 점검해 볼 수 있습니다(가족, 공동체 RIP를 만들어도 좋습니다).
2. 가족, 다른 사람이 나의 RIP를 기록해 보도록 해주어도 좋습니다.
3. 내 인생의 묘비명의 의미를 담은 'Rest in Peace'(RIP)는 고인을 추모할 때 사용하는 표현입니다.
4. RIP를 통해 육체의 죽음을 통해 천국입성의 확신을 알게 해줍니다.

내 인생 'RIP'

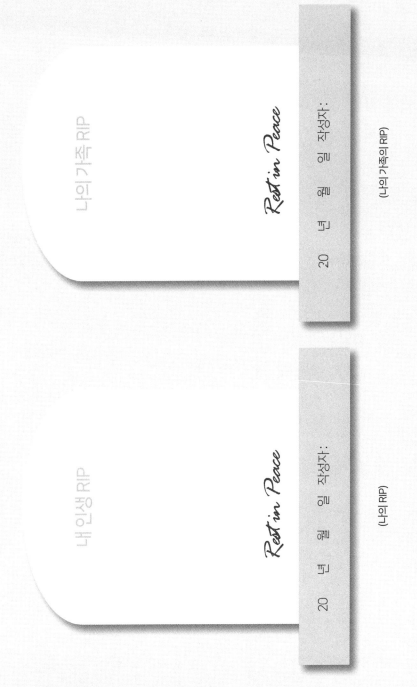

내 인생 RIP

Rest in Peace

20 년 월 일 작성자 :

(나의 RIP)

나의 가족 RIP

Rest in Peace

20 년 월 일 작성자 :

(나의 가족의 RIP)

※ 현재까지 내 인생 RIP을 코팅하거나, 액자에 담아 두어도 좋습니다.

＊memo